U0074139

溫美玉社會趴

從知識領域到跨科整合，素養教學輕鬆上手！

溫美玉、王智琪 ——著

水腦 ——插畫

目錄

我是老師，我也不想無聊！

溫美玉

社會課程涵蓋地理學、歷史學、社會學、心理學、經濟學、政治學、法律學等社會科學的基本知識，並融入資訊、性別平等、生涯發展、環境、家政、人權等重大議題，配合學生的心智發展能力，由近而遠、由淺入深，以培養學生帶著走的能力。

以上內容摘自國小教科書編輯大意。但我長久以來很好奇的是：這麼「偉大」的宗旨為何學生都不買帳？ 傳統的社會科教學受到絕大多數人的批評，也讓學生不喜歡上社會課。問題到底出在哪裡？除了教科書的圖文編排零散導致學生理解困難，另一個原因當然是教學方式出了狀況。

無聊 vs 有意義，你想帶給孩子怎樣的學習？

教學近三十年，我觀察多數教師的社會課教學大致不脫下述五類型。

❶ 教書匠：照本宣科的「講光抄」信徒

這是最保守、傳統的教法，老師看著幾行的簡單提示就上起課。而且，為了考試一直強調「哪裡會考，回家背下來就對了！」殊不知，出版社也無法在課本收錄所有資訊，因此課文只是綱要式敘述，這裡一句、那裡一句，根本接不起來。更何況學生都已認得字，若不是礙於學校規定與教師權威，我想，教室可能早就「人去樓空」了！

❷ 新式填鴨者：汲汲於補充課外知識

相對前者，這類型的老師非常認真。他們總是拿著教學手冊補充課本沒提到的內容，一堂課下來確實讓孩子帶回不少知識。可是，學生需要記住這麼多資料嗎？我們為何不留出更多時間讓他們討論呢？即使只是一個不起

眼的主題，若能引發學生去思考，不管是批判或辯論，都比一味的單向接收知識要強一些吧！

❸ 傳教者：熱情點燃孩子學習的動力

這類老師對社會科教學抱有狂熱的使命感，他們的教學除了出版社提供的補充資料，還會加入自己的觀點。因此，上這種老師的課真是一大享受。尤其是結合時事的教學內容，能讓孩子的世界與古今中外的人物連線，這不僅使孩子的學習動機更強烈，從中誘發的創造力往往也讓課堂絕無冷場。

❹ 引渡者：引導學生主動思考、分享

這類老師有時並不會主動提供資料，而是將上課內容製作成討論或辯論的議題，請學生自己或分組先去蒐集資料，再分析、討論、報告。老師扮演穿針引線的角色，誘發學生興趣，引導學習的多種可能。學生不再只是教室的客人，而是真正的主人！整堂課下來，學生除了學到課本上的知識，更習得做學問必備的各項技巧與方法。

❺ 賦能者：跨越藩籬，讓學習活起來

這類老師除了具備第三、四種教師的特質，還跳脫出「只能在教室上課」的框架，適度安排戶外教學讓課程融合了多元的智慧與能力。像是「習得社會科領域知識」只是其中一項小目標，更重要的是為了「成就一位好公民」。此外，這種老師還會儘量不浪費曾學過的課程，想方設法利用各種教學技巧，請學生留下學習軌跡，也藉此讓他們學會統整能力並精進寫作技巧。

跳脫框架，讓社會科教學更有魅力

其實，我從小就想逃出教室，是個愛玩也講究效率的人。正式成為老師之後，當然不可能一直乖乖待在教室裡教書，因此矢志成為第五類的老師。尤其當我又看到社會科編輯委員的內容指引如此描述之後，更堅定了這樣的信念。

社會科教材內容的選擇，以貼近學生生活經驗為原則，融入參觀、觀察、訪問、調查、蒐集資料、分類、歸納、欣賞、體驗、討論、發表、報告、比較、分析、實做、練習等學習活動，引領學生在探索人類社會生活的過程中，學習適應現在與未來人類的社會生活。

在如此宏觀且有格局的教學期許之下，老師若能以人性、實用、趣味、思考、實踐兼具的思維與架構來設計課程，學生怎能不期待上社會課呢？

累積近三十年的教學經驗，在加上長期經營「備課趴」臉書社團所引發的創意能量，我深信，這本書提供的教學案例只是「拋磚引玉」而已。期待更多老師能掙開教科書的束縛，以更高層次的眼光來設計課程，讓每一堂社會課都能讓孩子學會可以帶著走的能力，而不是記下一堆課文裡的資料。

社會科結合寫作，留下課程的精采記憶

另外，這本書還有一個分享重點：社會科也可以結合寫作。我認為，既然安排了精彩的教學，那麼，孩子的學習過程及內容都是彌足珍貴的。不僅為了回饋也為了留下紀錄，因此，將社會科教學內容做為學生寫作的題材是最恰當不過了。我一直深信，寫作是最終、也是最好的一道評量。教學之餘請學生延伸寫作，也能成就不少好處：例如，深化教學內涵，訓練學生思路，培養孩子文筆……社會課程結合寫作，不僅師生都能留下成長與進步的軌跡，更是將教學成果與效益發揮到最大值。

最後，在社會科的教學之路，期待你跟我一起加入不無聊的行列！

被冷落的社會科,是發展「素養」、提升「競爭力」的大寶箱!

王智琪

　　為了編撰這本書,我翻出溫老師這兩、三年的教學案例——天呀!這些內容真是動靜皆宜,而且,孩子從中嘗試了好多好多的「第一次」!

　　從第一次當記者採訪別人、第一次自己規劃深度旅行、第一次全權籌辦簽書會,到第一次有系統的整理筆記………這些活動五花八門,我不由得想找出它們的共通點,並用幾個關鍵字來囊括溫老師教社會科的特色;還有,這些乍看似乎「非必要,為何要多做」的活動,又能讓孩子學到什麼?

　　我發現,這些被挑選出來、丟進社會科這個「大坑子」的課程,都有下述 4 個共通點:

1. 花心思:孩子要學會使用「表格」與「空白地圖」來摘要課本重點,為課文內容進行分類、試著用自己的話來詮釋或記錄事物,這些都得花心思去專注投入。

2. 動腦筋 : 取代「老師講、學生聽」的教學模式。透過讓孩子「做越多」的活動,讓他們無法規避「自己動腦筋」的責任。

3. 發散思考:很多問題並非有絕對答案,像「果凍筆該不該帶到學校」、「人生優先順位」等主題的省思活動,並非要教孩子對這些議題做出令人驚豔的評論,而是要幫助他們建立明確的價值觀。

4. 果敢行動:不管是訪問陌生人、規劃旅行、即興演講或籌備簽書會,這些任務都需要孩子擺脫包袱,轉而自己扛起責任去執行,他們也因此從中累積出勇氣與實踐力。

　　咦?這些共通點似乎都超越社會課本裡的知識了。溫老師到底要孩子從中得到怎樣的成長?這個疑惑,直到我讀了 104 人力銀行創辦人楊基寬先生這篇〈你的個性有競爭力嗎〉,腦袋才彷彿「叮!」一聲亮了起來……

打一場「個性競爭力」的前哨戰！

楊基寬先生認為，人的競爭力包含兩個向度：「專業能力」的競爭力，以及「個性」的競爭力。大部分人認為前者很重要，因此，我們的教育向來特別重視國英數等基本科目，社會人士也多半熱衷於考取證照、學習技能。那麼，「個性競爭力」是什麼呢？這是對未知充滿好奇心且勇於探索、不畏懼表現自己的「鋼鐵之心」！那篇文章也進一步提到：個性競爭力強的人，具備「求知慾」及「堅忍度」，因此也會帶動「專業能力競爭力」的發展。兩者雖有連帶關係，但「個性競爭力」層次更高！

這段話頓時點醒了我。對啊！如果社會課的教學只侷限在課本內容，那就只是加強「專業能力」這部分的競爭力而已，卻漏掉了實際上更關鍵的「個性」競爭力！原來，溫老師的社會課，用活動式任務去鼓動孩子接受挑戰，進而養成他們遇到問題就會感到「好奇」、坦然去「面對」、有「勇氣」去「行動」的習慣，這些全都是為孩子培養「個性競爭力」而做的準備！

著眼「能力與態度」，讓「知識」真正活起來！

現今教育界最夯的「核心素養」，一言蔽之，就是「為了適應現在生活及未來挑戰，所應具備的知識、能力與態度」，這跟「個性競爭力」的意義不謀而合。放眼國小的各門學科，最能實踐這兩者的場域，也就是以「探索自己、他人和世界關係」為目標的社會科了！

若你希望自己的孩子能發掘自我潛能、未來面對職場時能找到自身定位、用果敢心態來迎接各種變動，同時還能攜帶「求知技巧」這項上戰場的基本武器……那麼，歡迎加入這場幫助孩子練就素養與能力的「社會趴」，讓社會課擺脫只能照本宣科的無趣，開心為孩子準備一堂又一堂「進入職場後，依然用得到」的社會課吧！

Part ① 思維篇

換個新教法，社會更美好

還在念課文，然後填鴨、考試、罵小孩？

教學時數總不夠，只好回歸填鴨的速成路子？

面對概念描述的課文，如何教才不會淪為教條？

……

換個想法來教學，

社會課讓師生都備感輕鬆又好玩唷！

親愛的老師，您還在照「本」宣「科」嗎？

課例示範	翰林版三上《社會》第一單元「我會學習」第一課「我會認眞學習」
預計成效	徹底實踐一次課本單元提到的「學習態度」重點，同時練習如何摘要的筆記技巧。

社科知識

地理	歷史	心理	經濟	政治	法律	素養
						✓

學習型態

參觀訪問	蒐集資料	筆記整理	欣賞體驗	討論報告	實作練習	調查分析	省思寫作
		✓			✓		

核心素養

A 自主行動			B 溝通互動			C 社會參與		
A1 身心素質與自我精進	A2 系統思考與解決問題	A3 規劃執行與創新應變	B1 符號運用與溝通表達	B2 科技資訊與媒體素養	B3 藝術涵養與美感素養	C1 道德實踐與公民意識	C2 人際關係與團隊合作	C3 多元文化與國際理解
✓	✓		✓			✓		

學習單 & 課堂歷程下載

✪ 溫老師對社會科教學的想法

老師：「小朋友，打開課本第七頁，全班一起大聲唸！」「學習是自己的事，需要自己來完成……」學生越唸越渙散，老師接著幫忙畫重點。「學習是誰的事？」學生不想被罵而乖乖吐出標準答案：「自己的事。」「需要誰來完成？」「自己來完成。」到了期中考，試卷印著這樣的填空題：「學習是○○的事，需要○○來完成？」孩子不假思索，連續填入兩個「自己」……類似情景，你我都曾經歷；但，這樣做有意義嗎？

請丟掉字面意義的束縛

傳統的社會科教學，老師始終擺脫不了課本的箝制。殊不知，教材只是綱領，真正重要的地方反而在白紙黑字之外 —— 讓受教者認識、理解並且實踐課文內涵。

照本宣科，只會錯失課本的規劃初衷。即使要傳遞知識，師長也不該直接「唸」課文給孩子聽，或是不斷的補充相關資訊。我認為，無論單元主題為何，都宜採用策略，設計一套循序漸進的教學結構；並適時透過提問等互動方式，激發孩子去思考課本要傳授的知識、道理。

更何況，現今的社會科教材不管是哪個版本，都設有許多單元讓學生親自去觀察、體驗、討論，甚至進行訪問、報告、比較、歸納等實作。這種「動手做」的學習方式，也是讓孩子將課本知識「學以致用」的唯一途徑。

社會課不該單調又狹隘

眼光再放遠些，社會科教學如果規劃得宜，孩子的學習甚至可以變成「一魚多吃」！既學到課本上的知識，還掌握住讀書、考試跟做筆記的竅門，同時又通曉品格、態度等做人做事的道理。吻合了教育趨勢與未來的人才需求潮流！

別以為這是誇大其辭。就讓我以國小三年級社會課本的某個章節為例，帶大家實際理解：社會課該怎麼教才是正途！

溫老師這樣教社會課

三年級的社會科課程，終於從低年段的「生活領域」自立門戶、獨當一面了。然而，有些單元題仍屬於生活課程的範疇。就我來看，課本傳達的這些道理相當實用，它們將伴隨孩子一生；然而，這樣的內容若仍用傳統模式來教，肯定會變成教條，無論老師或學生都會覺得：啊，社會課真是索然無味！

我以 105 學年度翰林版社會課本第一單元「我會學習」為例。該單元分成兩課，其中第一課〈我會認真學習〉共有六項重點：

- 學習內容的改變
- 為自己的學習負責
- 良好的學習習慣
- 有效的學習方法
- 運用學習資源
- 善用學習場所

第二到第五點的最佳學習模式莫不指向「實作」！也就是說，這個單元的教學，老師不該只是口頭講解，至少要在社會課之外再找出一門科目，藉由該科的上課歷程，讓學生實際動手做筆記，並撰寫一篇〈學習評論與心得〉；最後再讓孩子翻開該科課本，檢視自己在這樣的學習過程中是否達成了社會課本〈我會認真學習〉所提到的重點。

體驗式學習，抓住抽象概念的核心

有效的學習方法

　　學習時應保持主動積極的態度。課前預習時，先快速把課文讀一遍，在不了解的地方做記號，再查詢資料或請教他人。遇到不懂的字詞，可以查閱字典、辭典或百科全書。

遇到問題的解決方法

我在課文不了解的地方做上記號後，會試著去解決問題。

❶不懂的字詞，可以查閱字典、辭典或百科全書。

❷查閱相關資料。

❸請教老師或同學。

⑧

▲ 這樣的課文該怎麼教，才不會流於空泛？

　　開學首日，我帶的三年己班在那一天的中午前後分別要上美勞課跟社會課；那麼，社會課本第一課〈我會認真學習〉，就來搭一下美勞課的便車吧！而搭便車，可是有訣竅的……

STEP 1 ▶ **整理美勞課的重點 → 調正學習態度**

我們班的美勞老師是校內一位相當專業的同事。當天上午,開學典禮一結束,三己的孩子就由他領到美勞教室上第三、四節課。下午第一節課則在自己的教室由我來教社會。上課鐘響已過,學生看我遲遲不拿出課本,忍不住提醒:「老師——上社會課了。」我刻意不直接回應這句話,反而關切起他們上午的課程:「請問,今天的美勞課上了些什麼?」

「楊老師還沒有給我們上課,只講解上課的規矩……」

「為什麼你們不認為這是上課呢?這也是啊!來,我們每個人都來講一講你記得的部分,溫老師幫忙記在黑板上,順便幫你們整理一下美勞老師到底上了些什麼。」

我想,孩子們剛上完美勞課沒多久,憑著你一句我一句,慢慢拼湊出來的內容應該八九不離十吧。對於少數幾位在美勞課沒有專心聽講的孩子,也順道提醒他們那兩堂課到底有哪些重點跟細節。於是,我們花了大約 20 分鐘去複習第一堂美勞課的重點並進行歸納。

STEP 2 ▶ **美勞課的重點摘述 → 提問呈現 → 回家寫作**

經過引導,孩子努力回想上午那兩節美勞課的情景。我除了幫忙把內容寫在黑板上並順手整理成綱要,還將這些重點轉化成一份問題清單,名為「我的美勞課」,再交代他們回家後要依此寫出一篇文章。當然,這份作業也同時讓孩子有動手畫畫的機會。

STEP 3 ▶ **美勞課的寫作紀錄 → 社會課的學習目標 → 最棒的班級經營**

學生隔天交來「作品」,我又費了一節社會課的時間來完成這次的學習。

首先,我請孩子打開社會課本,自行從課文抓出幾個重點及細節,並且提出來共同討論。

回家「寫和畫」的題目：我的美勞課

綱要提示：

一、介紹老師

　　1. 先介紹美勞老師的名字：楊智欽老師，這個名字讓人感覺如何？為什麼？

　　2. 當楊老師跟你們說明上課規矩時，你覺得他是什麼樣的老師？（個性、能力請參考性格列表）你為什麼會這樣覺得？這時，你的心裡有哪些情緒？請一一找出來並且說明為什麼。

二、楊老師說明上課規則

　　（一）上課前的規則

　　　　1. 上課前有哪些注意事項？

　　　　2. 如果沒有遵守這些規則，老師的做法又是什麼？

　　　　3. 你覺得遵守這些規則會有困難嗎？你會遵守嗎？為什麼？

　　（二）上課時的約定

　　　　1. 美勞課要遵守的規定有哪些？想想看楊老師為什麼要這樣要求你們呢？

　　　　2. 這些要求你覺得困難嗎？你會遵守嗎？為什麼？

三、楊老師說了他小時候的什麼故事？聽了這則故事，請你再針對楊老師的個性描寫再多寫出一到兩項。

四、美勞教室跟一般的教室有什麼不一樣？有哪些設備？你最想嘗試的是哪一個？為什麼？

五、新學期新希望

　　1. 你喜歡上美勞課嗎？為什麼？

　　2. 你希望這學期楊老師教哪些特別的課程內容呢？

　　3. 有沒有想過，自己該具備怎樣的態度才能學到老師上課的重點呢？

例如，課本第 7 頁〈為自己的學習負責〉一開始寫道：「學習是自己的事，需要自己來完成，每一個人都應該為自己的學習負責。」我問孩子，「我們這次回家進行美勞課的紀錄及省思，乍看與社會科的學習無關，事實上卻吻合了社會課本的這段話，不是嗎？」學生對此莫不心服口服。

回到教學手法的議題，〈為自己的學習負責〉這個單元要傳達的概念，若不讓學生透過「實作」來親身體驗，光是靠著唸課文、老師講解、看教學影片……，他們怎能體認「為自己的學習負責」究竟是怎麼一回事？

此外，我覺得上述的教學方式不但是這個單元的最佳學習方案，也是班級經營的好策略。

怎麼說呢？像這樣的教學安排與訓練，不僅能讓孩子懂得良好的讀書方法，還規範了他們在課堂上的聽講態度。如此一來，之後不管學生在哪裡上課，就不會再發生「言者諄諄，聽者藐藐」的無秩序狀態了。

　　瞧！當老師改變了思維，不再麻木的盲求學生死記硬背、考高分，而是誠實的掌握課文奧義、提供學生一個在生活中實踐課本道理的機會，這種教學方式豈不更符合社會課本各單元的規劃初衷，也讓學生與老師都擁有了「一魚多吃」的學習、教學之道？

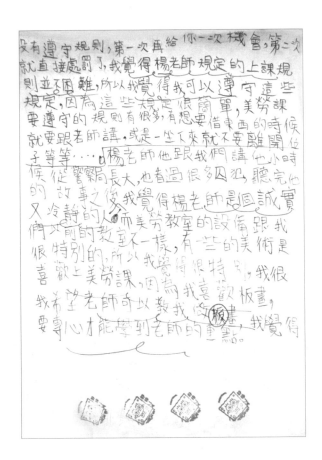

跨科整合，社會＋健康 ＋班級經營＝成效更佳！

課例示範　翰林版三上《社會》第一單元「我會快樂學習」第一課「我會認眞學習」

預計成效　初接新班時，穩定孩子的集會秩序，並進一步訓練專注聽講的學習態度以及做筆記的技巧。

社科知識

地理	歷史	心理	經濟	政治	法律	素養
						✓

學習型態

參觀訪問	蒐集資料	筆記整理	欣賞體驗	討論報告	實作練習	調查分析	省思寫作
		✓			✓		✓

核心素養

A 自主行動			B 溝通互動			C 社會參與		
A1 身心素質與自我精進	A2 系統思考與解決問題	A3 規劃執行與創新應變	B1 符號運用與溝通表達	B2 科技資訊與媒體素養	B3 藝術涵養與美感素養	C1 道德實踐與公民意識	C2 人際關係與團隊合作	C3 多元文化與國際理解
✓	✓		✓			✓		

學習單＆課堂歷程下載

✦ 溫老師對社會科教學的想法

　　中大型學校的集會特別多，屢屢考驗級任老師在教室以外管理班級秩序的能力。不管是每星期一次的週會，還是不定期舉辦的講座，孩子總是坐著坐著就忍不住開始亂動、聊天。當騷亂達到某個程度，非但引起別班側目，還可能被學務處公開懲戒。

　　最令人尷尬的是，每逢老師察覺到學生蠢蠢欲動時，為避免干擾公眾秩序，只能在眾目睽睽之下擠眉弄眼甚至比手畫腳，極盡最大努力去暗示孩子別講話、做怪。

　　如果孩子視若無睹，老師因此動了怒且又忍不住在當下就發作，崇高的師長形象立即在全校師生甚至是外賓面前轟然倒地。

　　哎！究竟是因為現在的孩子耐性太差了？還是說這種集會太無聊？或者，這樣的環境根本不適合聽講……不管原因為何，老師面對的現實都一樣：這類校內活動在短時之間無法改變型態！

集會 = 素養教育的好時機

　　既然無法改變「源頭」，何不調整「下游」？如果說，集會是學校必要且重要的活動，我們沒有理由不配合。所以，如何讓孩子願意遵守秩序就成了級任老師的重要課題。

　　但，現實卻讓人大感棘手，姑且不提活動內容是否吸引人，光是硬體層面就是個大問題！校內集會場所鮮少是空間很舒適或設備極完善的。在這種情況下，如何讓學生在這一小時的集會裡能夠全程安靜且專注的聽講呢？其實，老師只要「腦筋轉個彎」，改變做法就行了。

　　而且，若能善用集會活動，你還可以順道進行一場跨科整合的社會課喔！

溫老師這樣教社會課

　　每次到了校內的集會場合，班級經營的重要性就再次凸顯出來。搞定這件事，可說是級任老師接下新班級之後最重要的任務。但，實際的執行內容該如何安排、要搭配哪些課程……並沒有定數。既然如此，這次校方要利用週會時段舉行一場衛生宣導講座，我就趁機為班上孩子進行一場另類教學，將「集會秩序」（班級經營）結合「衛生宣導講座」（健康教育）與「學習良方」（社會課），一次教學就發揮三重效益！以下是我的做法。

週會，強化班級經營的絕佳時機

▲ 大型集會到底是學生乘隙搗蛋的好時機，還是老師施行素養教育的絕妙場合？

　　無論是校內的週會、宣導講座，還是參觀博物館等校外教學，這些團體活動只要班上有一位學生不聽話，整體成效就會大打折扣。遵守團體秩序，

不僅攸關孩子本身的品德，也與老師對班級經營的管理能力息息相關。如果老師願意多花點心思，我相信，孩子更樂意參加這類集會，而且，他們的參與也將大有斬獲。

STEP 1 在事前告知現實狀況

禮堂或操場沒法提供舒適座椅、學生不喜愛這次的活動主題……先讓孩子接受這些事實吧！想要讓他們樂於參與學校集會，師生之間得先「達成共識」。

您可以在每次集會之前向孩子傳達下述重點：

1. 這是一定要參加的活動，無從規避。

2. 場所通常不會很舒服，你我都應該明白。

3. 這種活動通常會有不少東西值得學習，也有可能會很無趣，端看你怎麼想。

4. 自己思考一下，我們該「裝置」和「啟動」何種「學習模式」才能忘記身體的不舒適呢？

5. 集會結束之後，該如何消化、吸收自己聽到的內容，將之轉變成可用的知識？

請注意！這是宣告，不是請對方同意。而且，這樣的宣告通常無法立即奏效。當老師的你不必因此氣餒。機會不只一次而已！你在每次集會之前都可跟孩子溝通：「這個世界並不是你想怎樣就能怎樣。也許，這樣的現實我們可以再研究如何去改善，但現狀就是如此，我們只能接受。所謂『山不轉路轉』就是這個意思喔。」原本滿腹怨言的孩子，多聽幾次勸導也就能夠接受了。

STEP 2 ▶ 現場隨時提點與打氣

通常，集會的現場老師都有在一旁作陪。老師得以清楚觀照班上學生的狀況，並且即時鼓勵他們堅持做對的事。

比如，當孩子因為別班學生吵鬧而難以繼續保持安靜與專注，你這時可以跟他們悄聲說：「別人不像我們這麼專注，這是不是更凸顯自己很了不起呢？而且，別忘了，我們還有任務在身喔！所以，你怎能放縱自己跟著散漫呢？」此時再豎起大拇指比出一個大大的「讚」，孩子的委屈、不安或焦躁等負面情緒也就能夠及時獲得安撫了。

STEP 3 ▶ 做紀錄益於秩序管理

當然，孩子花費時間參加集會，可不能聽完就算了！尤其是講座，我通常會要求他們攜帶紙筆到現場，在聽講時「同步啟動筆記模式」。

孩子在集會之所以想要亂動、聊天甚至搞怪，通常是因為他們不願意傾聽來自台上的訊息。由於自己要被拘在這裡長達半小時或一個鐘頭，逐漸升起想要改變現況的衝動就讓他們無法保持規矩，如果他們的「不樂意」升級到「不爽」甚至是「抓狂」的程度時，情緒越是負面，逾矩言行就越是誇張。如果孩子專心聽講，根本就不會有所謂的秩序問題。

做筆記就是促使孩子專心聽講的妙方！當孩子被指派做筆記時，他們會更專心的去傾聽演說內容，以便抓住可記下的資訊。即使是調皮的孩子，也會因為忙著動手紀錄而無暇搗蛋。

其實，在集會現場做筆記，最大用處不在於孩子能增長什麼知識，而是培養觀察力，同時協助他們控制自己的情緒與反應。定力較差的孩子若發現別的學生在搗蛋，往往自己也會跟著浮躁；如果他正在做筆記的話，就會為了完成任務而按捺住浮動的思緒，將心力拉回聽講內容。

不僅是學生要做筆記，老師最好也能跟著做！因為，老師投入聽講活動，

不僅可跟孩子同步吸收新知，也是最有說服力的身教示範。當孩子看到老師也專注的聆聽並動手做筆記，通常就會心服口服，從而有樣學樣，變得更專心。此外，老師在一旁幫學生照像、紀錄這場歷程，也能發揮類似效果。因為，身為主角的孩子察覺到自己被老師關注，再加上「做筆記」的任務，自然而然就會想要好好表現。

學生自動自發的學習、有自覺的控制自己的言行舉止，這絕對要比老師出聲或動手去制止，更能有效管控整體秩序。當然，如果班上有特殊學生的話，老師最好別花太多心思做筆記、照相，而是將這樣的孩子帶在身旁以便個別指導。

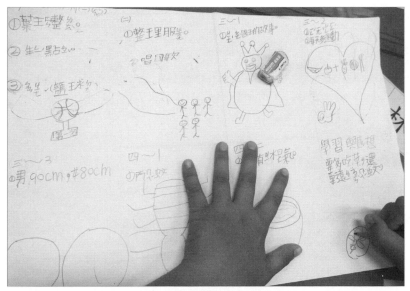

▲ 做筆記，除了要動手，也要動腦思考篩選哪些資訊、如何用圖文來表達。

筆記，深化聽講效益的學習技巧

聽完講座，週會也結束了，但是「做筆記」這件事才僅是暖完身而已。孩子一回到教室，我就趁著大家記憶猶新，帶領他們整理這份筆記。

教孩子整理筆記並不是級任老師的常態工作。基於這時我才剛帶三己這個班，有必要費些時間透過這項活動來做好班級經營與管理。否則，班級經營不善，每逢週會級任老師就得痛苦一次。如能做好，不僅可解決自己班級在大型集會的秩序問題，還能讓孩子趁機學習如何製作聽講筆記。

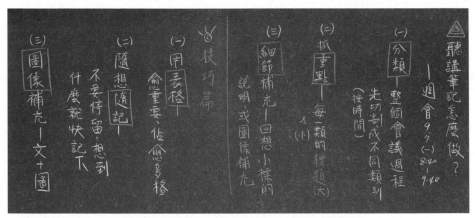

▲ 聽講筆記該如何做？老師透過板書引導孩子整理方才在週會記下來的講座內容。

STEP 1 ▶ 回到教室立即整理筆記

一、將一張 A4 白紙或任何空白紙張摺成八格。（老師可自由決定要摺出幾個格子）

二、整理聽講筆記的順序如下：

　　1. 分類：將內容分成幾個重點。

　　2. 抓重點：每一類重點都要下大小標。

　　3. 補充細節：透過文字或繪畫來補充每則標題的細節描述。

三、製作優質聽講筆記的技巧要訣如下：

　　1. 利用表格來分類。

2 隨想隨記。一旦想到哪格欄位還有哪些細節沒寫到，就要立即添
　上，否則很容易就忘記了。

3 畫圖補充說明，可以增加美感及趣味。

STEP 2 學生分組討論並在教室完成實作

　由於孩子是初次做這樣的筆記，很多地方都還需要老師指導，所以我就
讓他們全都留在教室來完成這項任務。在這個過程中，老師也能觀察每位學
生的反應及程度，並隨時給予提示。

三合一，完美的素養課程

　當每位學生的聽講筆記都完成了，我才提醒他們：「你自己透過這份筆
記學到了什麼？」孩子還傻呼呼的搞不清楚這次要求他們在週會記錄講座內
容的用意。我看著他們驚訝又懵懂的表情，笑著轉身在黑板寫出社會課本第
一單元第一課的兩個重點：

● 運用學習資源

● 善用學習場所

　這時，他們才恍然大悟：「原來如此！今天下午還有社會課呢，沒想到，
溫老師這時候就上完了，而且是用這種（很務實又非常具體的）方式！」我
隨後點醒他們另一個重要觀念：除了有效的學習方法，這次的衛生宣導講座
是由校內衛生組老師跟校外營養師一起主持的。這兩位講師談的內容都是與
健康息息相關的實用資訊呢。只要我們好好聽；認真學，誰說學習非得在教
室裡？如果我們能打破刻板觀念，隨時注意身邊訊息並有效的消化、吸收，
我們的學習一定會比他人更有效益。

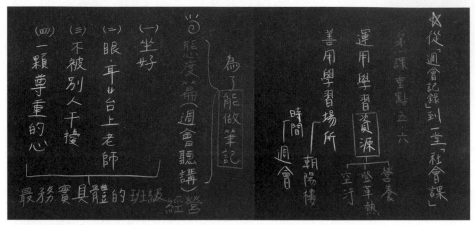

▲ 由老師協助全班學生彙整記錄重點的板書，提供了孩子一個系統化思考的範例。

當然，這樣的監控模組一旦建置成功並化為孩子的習慣了，今後他們不管是在校內或校外的集會，我都不必再去擔憂秩序問題了。

🅑 溫老師的教學省思

我們常常要求孩子學很多東西，深怕他輸給別人。其實，繁雜無章、多而無規律的學習正是削弱孩子能力的隱形殺手！如果我們要培養孩子從容穩定、冷靜智慧、專注主動，就不能放縱他無所事事，但也不能毫無意義的塞滿他全部時間，讓活潑靈動的孩子變成行屍走肉的魁儡。這兩種極端作法都極度不智！

那麼，我們該怎麼做才恰當呢？我認為，一旦選了要做什麼事，那就要切實的實踐，把所有細節與歷程徹徹底底的體驗，並用心進行記錄。身為師長的我們可以和孩子慢慢討論該如何進行，給他一些空間與時間，一次只要做好一件事就行了。

給孩子留點自主成長的時間與空間，你將會發現他真的可以像個小小智者一樣，連週會講座的聽講筆記也可以說出一些哲理，展現出孩子暗藏在深層的能力。也包括了他慢慢的學會去控制自己的言行舉止，無論在教室裡還是教室外都能展現出良好的品德。

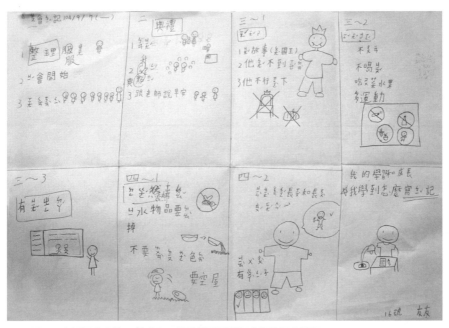

▲ 一張 A4 白紙摺出八格，就成了可將聽講重點進行分類的週會筆記。

1-3

班會好好玩！省思個人與班級的自治＋創意寫作

■ 課例示範 翰林版三上《社會》第四單元「校園民主生活」‧第一課「班級的自治活動」

■ 預計成效 理解「自我管理」與「班級自治」的關係，並藉由筆記與寫作來達成自我提醒的效果。

■ 社科知識

地理	歷史	心理	經濟	政治	法律	素養
				✓	✓	✓

■ 學習型態

參觀訪問	蒐集資料	筆記整理	欣賞體驗	討論報告	實作練習	調查分析	省思寫作
		✓					✓

■ 核心素養

A 自主行動			B 溝通互動			C 社會參與		
A1 身心素質與自我精進	A2 系統思考與解決問題	A3 規劃執行與創新應變	B1 符號運用與溝通表達	B2 科技資訊與媒體素養	B3 藝術涵養與美感素養	C1 道德實踐與公民意識	C2 人際關係與團隊合作	C3 多元文化與國際理解
✓	✓						✓	

■ 學習單＆課堂歷程下載

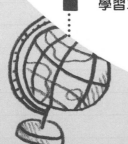

✪ 溫老師對社會科教學的想法

上課時間總不夠！每天都被進度追著跑！因為教學時數很有限，只好將社會課棄置一旁……你也是這樣嗎？我自首，以前自己就是如此！不過，現在即使教學時數仍不足，我們班卻能夠突破時間壓縮的限制，把社會課上的活潑又有深度。

以班會為名，藉機探討個人跟團體的自治

綜觀國小社會科的學習階段，低年級的教材多從孩子的主觀立場來認識自我及家庭，到了中年級則開始融入一些關於公民素養的觀念。像是三年級上學期的課本，就規劃了「校園民主生活」的單元。

要談民主，先得有自治的能力。自治是什麼？查字典可知，從個人層面來看，它是「自己處理自己的事務，含有能約束自己行為之意。」另一層意思則是「實行民主政治，在各地方由選舉產生權力機構，管理地方事務。」

由於三己的孩子甫脫離低年級不久，我決定讓他們先回首「個人自治」，再前瞻「班級自治」，進而掌握這兩者的異同。至於每個月都要舉行的班會，則是學生體認校園民主精神的第一步，社會課本也特地闢出一課（第四單元第二課「召開班級會議」）。所以，我們何不藉此來場價值觀的探索，並且透過寫作來強化孩子對於班級自治的認知！

下列就是我規劃此次教學活動的考量點。

1. 「個人自治」能否先於「班級自治」？如果這是可行的，那麼，課程該如何安排？
2. 如何讓每位孩子在開班會時都能同時身兼主席、紀錄和司儀的角色？
3. 如何讓孩子對於這樣的討論議題都有意見可以或樂於發表？
4. 什麼是「模擬班會」的寫作？這樣的寫作能帶來哪些教學亮點？

🖊 溫老師這樣教社會課

　　我個人認為，在談及「班級自治」之前，得先掌握個人層次的「自治」能力。只要每位學生都能做好「自治」，整個班級的常規、學習狀態或風氣就能呈現良好狀態，班上也就自然而然能夠維持和諧、進取的風貌，無須過度仰賴老師權威或透過班級公約來約束大家的言行。

自我管理 → 班級自治 → 另類的班會紀錄

`STEP 1` 「學校生活規範」大搜索

　　針對班級公約與個人自治之間的關係，我設計了一份學習單當成回家作業。在解說時，請孩子先思考：所謂的自我管理包含了哪幾個大項？別小看這個動作！隨時分類，可說是建置讀書方法很重要的基礎能力！

　　因為我在課堂僅是稍微提及大項目應該包含哪些，學習單上頭的細項欄位也刻意留白好讓他們自行填寫；所以，孩子只能在家裡思索自己要填寫什麼，並沒有所謂的標準答案！有趣的是，雖然班上孩子的認知大同小異，但是，學習單的答案卻顯示了個別差異。

　　例如在「回家作業」的「寫前」（寫功課之前）這一項有兩格，

▲ 孩子誠實面對自我，因此在部分項目給自己的表現評了低分。

必須按照執行的先後次序來填寫兩個關鍵動作。

有孩子這樣寫「❶ 把會影響你的東西收起來 ；❷ 先確定要寫哪裡 」另一個孩子的回答則是：「❶ 先拿要寫的作業；❷ 準備好要用的橡皮擦和鉛筆」這之間的差異，全都是因為孩子是從自己的需求出發，這才是真正的「個別評鑑」啊！

STEP 2 ▶ 為「生活規範細則」自評

列了這麼多班規細項，自己又做到了多少呢？請孩子為自己的每個向度填上 1 ～ 10 分。讓我覺得很感恩的是，從這項練習可看見孩子真實又勇敢的面對自我。他們不覺得給自己評低分會有什麼好羞愧的，也不擔心被老師看見自己不夠完美的另一面。這項練習竟意外的檢驗了師生的互信程度呢！

STEP 3 ▶ 說明「班會」的兩大宜忌

經過上述的練習，孩子已能明白班級公約與個人自治之間的關聯。在正式開班會、進行所謂的「班級自治」之前，我先跟他們強調以下兩個前提。

1. 做好「個人自治」：如果每個人的「自治」都能有效落實，開班會的時候就不至於拖拖拉拉、浪費太多口水卻遲遲沒有實質進展。我們會很快就能進入真正需要討論的重要事件。

2. 千萬不可兒戲：一旦討論達成了共識，每個人絕對都要做到。光說不練，那就失去開班會的用意了。所以，我們不該忽視班會時的集體討論，以及大家共同得出的結論。

STEP 4 ▶ 達成「開班會」的共識

班會，可不是想開就能開的！我們學校通常每個月開一次班會。但是，許多班級事務或是有些需孩子配合的事項，光靠班會，哪能一一獲得溝通的

機會？還有，像是班級常規的落實與修正、面對回家功課的作為與態度……這些議題都跟孩子的學習、品格息息相關，如果全壓到班會再來討論、反省，恐怕不是個好主意！其他尚有細如牛毛之事，不知凡幾，怎能仰賴久久才一次的班會來解決？所以，我向孩子提議：在沒有班會可開時，我們能不能拋開「班會之名」、行「班會之實」？這樣的提案其實有雙重好處！一來，學生不必讓老師叨叨念念，耳提面命；二來，級任老師可請學生自己制定班級公約。「自作自受」的班級公約，絕對更能讓他們心悅誠服。哈哈！

STEP 5 讓每個人都有話說

我們從小到大開過無數次班會，通常都流於形式，總是那幾個人在講，事實上，大部分同學的參與度都極低。這樣的班會，跟民主自治的精神相去甚遠。那麼，級任老師該如何讓每個孩子都能表達意見、高度參與班會呢？這可是個高難度的任務！但，只要腦筋稍微轉個彎，其實也能辦得到！

我發下第二張學習單（「班級會議的注意事項」），讓孩子熟悉一下開班會的流程。當然，開班會最重要的是議題討論了。「提案討論與表決」這個欄位填寫的議題，都是全班同學要共同面對的重要事務。所以，除了填寫簡易的表格欄位，孩子還得寫出一篇創意寫作，題目就是：模擬的一堂三己「班會」。我要求他們假裝自己是一個

▲ 書寫活動促使孩子去思索關於班會的重要概念。

「全知者」，看見了我們在開班會，並且要以記敘文的形式來翔實記錄整個過程。即使寫成流水帳也無妨。這招果然讓每位孩子都沒機會規避「班會」這回事！寫作時，孩子還必須思考自己要描寫班上哪位同學提了什麼意見。

這麼一來，孩子彷彿成了導演，用心思索去安排文章裡的班會運作；他同時也是編劇，必須賦予每一位演員一句又一句的台詞，而這些台詞都必須直指議題。不過，明眼人都知道，文章裡描述的議題雖都是透過他人名義講出來，其實這些想法完全出自孩子本身。呵呵，透過寫作來套出孩子的內心話，豈不是「高招」？更重要的是，在這篇模擬班會的文章，我終於讓每位孩子都能同時擔任「主席」、「紀錄」和「司儀」啦！

智琪老師的觀課心得

溫老師的教學向來強調實踐與省思，這兩點也是溫式社會課的價值與核心所在。然而這樣的理念也很容易變成唱高調，該怎樣落實才好？

結合閱讀、寫作的課程就是一個解方。以探討「班級公約與個人自治」的那份學習單為例，孩子會因為思考過、親自動筆寫過而更能記住這些事項，也因此而能更快的改變行為。這樣的教學模式就像暮鼓晨鐘，從師長的外在提醒慢慢的轉化為孩子內心建置好的自我監控系統。

潛移默化是教育最美的風景，也是最高的境界。人身為萬物之靈，心中不應欠缺道德與品格的規範。

當然，這樣的教學達成情意方面的目標，孩子也在學習能力方面大大受益。他們不僅明白自我管理的內涵，也學會良好的讀書方法，還能「揮筆便就」，讓手中的筆成為學習之路最厲害的秘密武器，無論是整理資訊或是創意編寫小說，他們都有了基礎啦。所以，即使是上社會課，我們照樣可以培養出會寫能說的超級學生喔！

不囉嗦，四點原則讓寶貝們第一次開班會就上手！

課例示範　翰林版三上《社會》 第四單元「校園民主生活」‧第一課「班級的自治活動」

預計成效　更有意識、有效率的進行班級會議；讓孩子學習在團體中聆聽、表達想法，並達成共識。

社科知識

地理	歷史	心理	經濟	政治	法律	素養
				✓	✓	✓

學習型態

參觀訪問	蒐集資料	筆記整理	欣賞體驗	討論報告	實作練習	調查分析	省思寫作
		✓					✓

核心素養

A 自主行動			B 溝通互動			C 社會參與		
A1 與身心素質自我精進	A2 系統思考與解決問題	A3 規劃執行與創新應變	B1 符號運用與溝通表達	B2 科技資訊與媒體素養	B3 藝術涵養與美感素養	C1 道德實踐與公民意識	C2 人際關係與團隊合作	C3 多元文化與國際理解
	✓					✓		

學習單 & 課堂歷程下載

✪ 溫老師對社會科教學的想法

「安靜！」

「怎麼都是這幾個人在舉手，還有誰有提案要發表？」

　　班會往往就是上述兩種型態，不是全班亂哄哄、沒有聚焦在主題上，就是成為「一言堂」，只有班上的「菁英」或「能言善道者」提供意見。內向、害羞的孩子，可能在還來不及思考、不敢發表的情境下就失去發聲的機會。

　　班級是一個小型組織，班會就像公司、民主政府做決策時必須讓組織成員集思廣益，用好幾顆腦袋的點子抵過一顆腦袋的專制、一意孤行，並且求得大多數人的共識。同樣的，在一間「民主」的教室裡，老師可不能像獨裁者似的想幹嘛就幹嘛。班會就是要讓全班 20 幾個小腦袋有發揮機會，從許多點子裡挖出大多數人可接受的那一個。

　　社會課本要求學生記住開班會的流程，甚至考題也會出這樣的內容；但，就算孩子背完所有流程了，往往也不曾想過：「為何要開班會？」「它跟我有什麼關係？」他不懂班會這項活動所代表的意義，更難把自己視為承擔班級事務的一份子，遑論如何去積極的參與、投入了。也許，他們會在懵懵懂懂的情境下，囫圇的跟著老師或主席走完形式上的流程。但，當班會變成一場敷衍、虛應的秀，便失去了培養孩子「積極參與公共事務、解決問題」的本意。

　　我理想中的班會是：每個孩子都有事做！不管是大方或內向的孩子都能有發表機會。大學生進行分組報告或公司開會時，各組、各部門都會事前製作 ppt 簡報檔、預先提報發言綱要；我也希望孩子開班會是「有備而來」，不是帶著空空如也的腦袋，置身會議現場卻毫無「自己也是決定事項的一份子」的參與感。這不僅浪費時間，也白白流失自己「自由表達意見」的權益。

　　總括而言，我心目中的美好班會須經歷下面三個階段：

1. 事前，給予孩子適當輔助，賦予「開班會」這份工作意義，並運用觀點句型幫他們整理自己的想法
2. 在會議現場，實地訓練孩子積極表達意見，並培養出尊重他人意見、禮貌應對等公民素養
3. 最終，做出的決策讓全班都覺得有參與感——這是我最期望達到的目標！

溫老師這樣教社會課

▲ 每次的班會，都是這一課內容的具體實踐！

剛升上三年級不久，社會科進度就來到介紹「班級自治」的單元。課本裡提到班會的實施流程及功能。但我希望，孩子對班會的認知不只是背誦流程、看看課本圖片而已，而是能夠全班共同徹底試做一次，透過過程直接領悟班會的意義。因此，我用了四大原則來涵括整個開班會的流程（事前準備→現場舉行活動→事後整理紀錄），同時也示範了如何讓班會活動充分融入班級經營。

原則1：了解班會的目的與流程

每次在進入一項任務之前，我習慣讓孩子先明白活動的意義。這次，我們就從「自己預測」開始，再進入課文，擴大對「班會」這件事的設想。

STEP 1 預測筆記：孩子試著在小白板寫出自己想法

「你認為什麼是班會？想一想，班會會讓你想到什麼？」「為什麼每個

班級都需要開班會？班會對於班級的運作有什麼幫助？」「如果要開班會，你覺得會需要哪些過程？」善用預測策略，可激發孩子的腦袋跟著動起來。此時不妨從旁指導孩子，用樹狀圖把他自己聽到「班會」這名詞的當下聯想到的東西都一古腦兒記錄在小白板上面。

STEP 2 ▶ 重整重點：孩子自行從課本找出漏網的答案

讓孩子做了初階的預測筆記之後，接下來請他們打開課本，抓出那些自己還沒記錄到的重點。比如，班會程序的相關名詞有提案、提議、附議、討論等，自己是否都有寫到？也請他們看看課文裡提到班會有哪些基本流程、需要哪些角色……在執行上述兩個步驟之前，可請孩子在小白板預先畫出以下表格，以便紀錄與「班會」相關的各項重點。

提問	筆記區（自己發想 or 課本重點摘錄）
為什麼要開班會？	（例）1. 小朋友也可以表達自己的想法 2. 討論事情 3. 讓全班都有機會說出自己的想法。
對班級的幫助	
班會的活動流程	
參與班會的角色	
注意事項	

STEP 3 全班討論、老師總結並謄寫在黑板

讓全班討論班會應具備哪些流程及人員配置，老師再總結大家分享的內容，將之謄寫在黑板上。上述三個步驟，先讓學生動手做筆記，再由老師重新講解一次，學生會因為曾經主動思考這個主題，印象反而會比從頭到尾單向傾聽老師解說的方式還要鮮明。

原則 2：班會流程再三確認

第一次開班會，最怕學生不了解流程與形式。所以，我在開班會之前，要求孩子必須重整所有問題並且排出發問的優先順序。一份妥善研擬的議程，可讓所有學生掌握會議梗概，提升開會效率。

STEP 1 徹底掌握此次的議程資料

完善的議程必須包括下列內容：
- 舉行的時間及地點
- 討論主題：例如，園遊會、校外教學、模範生選舉⋯⋯
- 臨時動議
- 每個討論主題和臨時動議的報告人姓名
- 每位報告人分配到的報告時段

STEP 2 預先準備「我的報告內容」

為了讓全班學生更進入狀況，各項準備工作最好能在會議前兩天都已就緒，報告者也必須事先提出自己想讓其他同學閱讀的資料。所以，我請孩子先撰寫一份報告讓我過目，並請他們自行在家裡練習上台之後該如何簡報自己的提案。

這份作業名為「我的報告內容」，套用了「我的觀點卡」裡面的句型，提供孩子思考的鷹架，這可讓孩子更容易釐清並寫出自己的想法。同時我還告訴每一位孩子：「務必要事先就寫下自己的想法，這是在班會當天核准進場參與的『入場券』唷！」還鼓勵他們，只要做足準備，當天就能直接拿著自己的報告單更順暢的發表自己的觀點；這樣子，也能更認清自己想法，而不是人云亦云，別人說好自己就跟著同意。

範例：我的報告內容

主題與討論細項	我的報告內容（使用觀點卡句型）
班遊 1. 時間、地點 2. 須準備的物品 3. 須研讀的資料 4. 安全須知	**我覺得** 期末考後是舉行班遊的好時機，因為當時剛考完試，心情最愉快，而且一月份的天氣最好。至於要選哪一週，請大家再表決。 **我認為** 可以去○○農場或╳╳果園，因為平常我們住在都市，很難體驗採收農作物的樂趣。 ………

備註：可在班會舉行的前一週發下此表，學生可請教家長或相關人員在會前填妥內容。在班會之前已做好功課，會議進行時便不會腦袋空空。

▲ 開班會之前，先將議程、議題等要點寫在黑板上，將有助於提升效率。

原則 3：學生尊重發言及確立報告時間

當班會正式進行時，也是孩子學習「公民素養」的好時機。我再三向孩子強調，舉行會議必須要有最安全的環境，讓每個人都能放心說出自己想法。要達到「安全」這一點，我們就得學習伏爾泰的精神：「我不同意你的觀點，但我誓死捍衛你說話的權利！」因此，不論是發表者或聆聽者，都要用有禮節的方式來談話應對。

我列出下面三項能達到讓大家都 100% 安心開班會的條件供孩子參考。

1. 鼓勵開放性的溝通

   只要不脫離討論主題，任何想法都可以提出來。

2. 尊重每個人的發言

   當發言人在發表提案時，或台下的同學想要針對提案來表達自己的看法時，都必須使用「請、謝謝、對不起」的禮貌語氣。而且，不能對他人言論進行人身攻擊，像是「這想法很笨」「很可笑」之類的批評，就很不尊重對方。如果你不是很同意對方，或是想提出自己意見，比較妥當的說法有：「謝謝○○○提出想法，我覺得這想法很有幫助，但我剛剛突然又有新的點子……」「如果改為……不知是否會更好呢？」

3. 嚴格遵守發言時間及次數

   為了讓每個人都有機會發表，必須限制每個人的發言時間、最多發言 3 次，才不會釀成「一枝獨秀」的情況、壓縮其他人的發表機會。

原則 4：讓全班感到滿意

一場會議要得到讓全班都滿意的結果，實屬不易。但老師可以事先幫孩子做好心理建設：「畢竟，團體生活需要面對的就是不可能事事都如你意。班會也一樣，只能找出大多數人都『可以接受』的結果！」

STEP 1 確立主題有無結論

在班會進行到討論提案的階段時，務必要將進程推展到「表決」這個步驟、做出實質的決策。如果某項提案真的難以拍板決定（比如，正方與反方各佔一半），那不妨當場重新表決，或請大家從另一個全新角度來再次思考、或留待下次班會再表決一次。千萬不要半途而廢，留下一堆懸而未決的「懸案」。

STEP 2 班會初體驗的省思寫作：「我的班會記錄」

當第一次班會畫下完美句點之後，我們還可利用以下表格，讓孩子省思自己在這次過程中地情緒變化，並且評估自己在班會中的表現，以及他對這次班會整體流程方面的觀感。在這裡使用了觀點句型的鷹架，讓孩子更能具體的記錄這次班會的優點及建議。

範例：我的班會紀錄

主題	班會內容記錄	會後情緒檢索（情緒列表）		我的觀點（套用觀點卡的句型）	
		班會內容	班會流程	班會內容	班會流程
班遊	1. 時間：1/15 2. 地點：○○農場 3. 準備物品： 4. 安全須知：	興奮、期待	充實、安心	我喜歡這次的結果，**因為**出去可以跑跑跳跳，無拘無束接觸大自然。	我**預測**下次的班會一定會更順利，**因為**老師都會請我們先做好準備，所以開班會很有效率。

寫作提示：模擬的一堂三己「班會」

1. 如果你是老師，你希望看到三己開班會是怎樣召開的？
2. 請假裝你是記錄，把一堂班會按照上面的規定與流程一一記錄下來。
3. 包括議題是什麼？為什麼要討論這件事？
4. 誰是主席、紀錄、司儀，他們做了什麼事？
5. 接著全班有誰針對議題做了哪些發表？
6. 有誰附議？為什麼？理由是什麼？
7. 還有誰有意見？這些意見跟之前有哪些不同？哪些是值得大家思考與討論？
8. 最後討論的結果是？主席做了哪些結論？
9. 你對這堂班會的學習收穫有哪些？
10. 還有哪些需要改進（自己或全班），才會讓下次的班會更成功？

STEP 3　針對未來班會的提案：四次班會輪值表

更進一步的，班會還可以融合班級經營及寫作訓練。下表就是個範例！它讓全班學生都有機會輪流擔任各項職務；孩子也能藉此提早知道接下來幾次班會的主題和討論細項，以便事先思考這些議題、提早做出相關準備、預先構思自己對這些討論主題要發表什麼意見。

接下來這四次班會的討論主題，請老師按照班級當時的需要來擬，至於人員配置方面，不妨先由老師找出人格特質合適者來打頭陣。例如，主席就選擇班上最大方、冷靜的學生、司儀則優先考慮口齒清晰者……

等開過幾次班會，全班都熟悉這個模式之後，再將主席、司儀的工作交給較內向的孩子來嘗試。需注意的是，每次班會的主席、司儀都是各一名，

四次班會輪值表

四次會議的主題	討論細項 （由老師先行制定）	人員配置（事前由全班選出或由老師指定）		
		主席	司儀	記錄
1. 班規制定	在「學校上課」、「回家作業」、「教室打掃」、「環境維護」、「上課常規」這五項，應該遵守哪些規定，才能讓班級學習順利？			
2. 幹部選舉	1. 選舉幹部：班長 2. 幹部工作內容： 　(1)上課前帶隊 　(2)喊起立、立正、敬禮 　(3)代表全班去聽處室公布的事情 　(4)協助老師處理事情 3. 要做好班長工作，需要哪些條件或性格？請根據此列出幾個你認為合適的人選。			
3. 園遊會	1. 擺攤方向（賣吃的？用的？玩遊戲？） 2. 擺攤主題？如何吸引客人？ 3. 工作分配？			
4. 班遊	1. 旅遊形式？（古蹟／農村／自然／博物館等） 2. 時間（平日／假日）？地點？ 3. 是否需要邀請家長？			

但，記錄卻是可以一次有多人來擔任。所以，在人選安排上面，盡可能讓全班在這學期都能至少輪流擔任一次會議紀錄。

這張表格發給全班，請他們自行填入各欄內容，讓孩子了解自己在各次會議的工作內容，也可隨時參考或構思會議主題。老師也可以將之當成作業，收回孩子寫下的這份輪值表，或是，另外再讓學生依此主題來練習做筆記的技巧。

 智琪老師的觀課心得

剛升上三年級，孩子還不太明白「開班會」的概念，也不曾想過它的好處。當時問他們：「班會是什麼？」許多孩子還覺得班會是很無聊的活動，對他們沒什麼幫助。但當溫老師告訴他們「班會是表達自己想法的好時機」之後，他們似乎開始改變自己對班會的印象。

關於班會常見的「選幹部」，我記得小時候班上每次選幹部，被提名的往往都是人緣最好的學生，或是別人想「陷害他」、故意讓他有苦差事做的孩子；於是，整場幹部選舉就在嘻嘻哈哈的輕佻氛圍中渡過。但，這樣選出的會是合適人才嗎？這點有很大的疑慮。這次我卻看到溫老師要求孩子要事先想好，並且在思考過程中融入性格卡來分析幹部應有的特質；最後，孩子在提名時竟然就挑出了他自己衷心認為是勤奮、努力、負責又大方的人選。在後座觀課的我，好樂見這樣的結果呀！

另外，逼迫孩子在開班會前「一定要先有想法」，這也是個絕妙的點子！雖然有的孩子比較隨和（其實是懶得思考），總覺得聽從別人的意見就好，但溫老師仍堅持要求全班都必須要有自己的觀點，不能在開會時腦袋留白。在初次開班會的那天，我看到班上孩子因為溫老師從旁隨時給予鼓勵與肯

定，很快就進入狀況。

　　就連許多向來懶得去想或個性內向的孩子，都能說出自己的想法。當然，溫老師是有撇步的啦！只要讓孩子看著自己事先寫下的那份「我的報告內容」，照唸就行啦！這做法可免除大部分孩子的壓力。大家一起討論、一起下決定的畫面，真美！

　　溫老師曾說：「一件事要嘛不做，要做就得做徹底；不能只是做一半、為了形式、為了應付而做！」我喜歡她這樣的態度。也因為如此，她才能帶著孩子無限放大「班會」的意涵，創造更多的教學價值！

▲ 主席請幾位提案者上台解說方案，再請全班舉手表決。當然，主席與提案者也可舉手投票。

點點小記者，任務讓孩子更積極的參與學校活動

課例示範　翰林版三上《社會》第一單元「我會學習」第一課「我會認真學習」

預計成效　藉由轉換「被動者」的角色，讓孩子積極投入學校活動，也體驗記者採訪、撰寫報導的過程。

社科知識

地理	歷史	心理	經濟	政治	法律	素養
						✔

學習型態

參觀訪問	蒐集資料	筆記整理	欣賞體驗	討論報告	實作練習	調查分析	省思寫作
✔		✔	✔		✔		

核心素養

A 自主行動			B 溝通互動			C 社會參與		
A1 身心素質與自我精進	A2 系統思考與解決問題	A3 規劃執行與創新應變	B1 符號運用與溝通表達	B2 科技資訊與媒體素養	B3 藝術涵養與美感素養	C1 道德實踐與公民意識	C2 人際關係與團隊合作	C3 多元文化與國際理解
		✔	✔			✔	✔	

學習單 & 課堂歷程下載

✪ 溫老師對社會科教學的想法

　　為迎接校慶，我們學校舉辦一場名為「點點日」的活動：全校每一位師生在這天都要發揮創意，為自己的造型加上「圓點點」，並且在 20 分鐘的「大下課」到廣場一起狂歡、跳快閃舞。

活動玩快閃，效益不能也快閃

　　校方之所以推出這場活動，主要就是為了營造和樂的校園氛圍、凝聚師生感情。主辦者擔心現場氣氛不夠熱烈、怕孩子覺得活動無聊，因此絞盡腦汁想出各種新鮮、刺激的點子，也在表演節目與舞台裝置耗費不少心思，就連愛心媽媽也被動員前來幫忙……但是，這種投入大量成本的活動，往往卻是成果不如預期，效益在歡樂過後很快就「船過水無痕」。

　　其實，有的老師很盡力配合「點點日」，帶著全班一起用心製作服裝道具，準備在活動當天盛裝出場；也有老師覺得這場活動真是麻煩，只需向學生「盡告知義務」就好。最可惜的是，大部分學生的參與行動都僅限於表面，抱著消極的「玩玩就好」心態；甚至只在活動現場「沾一下醬油」、露個面，然後就拍拍屁股走人了。

　　我覺得「點點日」這樣的活動頗有創意，但是，級任老師除了「只是宣布消息而已」「親自下海陪孩子做造型」，是否還有第三種做法？如果從孩子的立場出發，我的考慮點就成了：既然這場全校性活動沒有半個學生能夠逃避，我們何不最大化它的學習價值？

關鍵就在於 —— 轉換學生的角色！

　　我們除了讓孩子跟全校師生一起歡樂，還要賦予他任務。任務能讓學生不再只是被動的參與者。當孩子有任務在身時，心態就會從被動轉化成主

動，更有意識的投入這場活動。如此一來，他在跟大家狂歡的同時也能獲得全新的學習與體驗了！所以，我決定給孩子在參與者之外另一個新身分——「點點小記者」！

🌀 溫老師這樣教社會課

時下最夯的「素養」課程，就是以「跨科」、「從生活情境出發，解決問題」為學習重點。像「點點日」這個對孩子來說只是「玩玩就好」的快閃活動，經過我的「加工」之後，成了一場能同時滿足小組合作、規劃執行、職業探索、採訪實作、報導撰寫等多元能力的素養訓練！

角色扮演任務，鼓動孩子踏出第一步

首先，要讓孩子把活動「放在心裡面」。我的做法就是，讓他們從心態開始來改變外在行動，從一個被動的參與者，變身為積極的「點點小記者」。

STEP 1 ▶ 採訪任務，透過使命感來扭轉態度

「點點日好像很好玩，但是，做『點點衣』也好麻煩喔！唉唷，到時候隨便啦，沒穿『點點衣』就算了。」若只是被動參與，孩子並不會興起想去積極參與的慾望。

相反的，當「小記者」這項任務一指派下去，他們對活動的重視程度便有了 180 度大轉變：「我們那天要當小記者耶！嗯，我一定要穿上比較炫的『點點衣』！對了，當記者還需要什麼道具？」他們開始重視自己的穿著打扮，點點日在他們心中也開始提高了重要性！

小組分工合作、讓孩子自主動起來

將全班學生分成兩到三名一個採訪小組，提醒他們：專業記者通常會有哪些裝備、做好一場採訪需要哪些、自己這一組又該如何分工合作。

1. 備足材料，展現專業記者樣貌

孩子為了扮好專業又上相的記者，莫不卯足了勁，就連下課時間也很積極的準備。他們特地去觀察記者的姿態跟裝備，有人甚至製作了麥克風（上面寫著「○○新聞台」）、記者證等小東西，玩得不亦樂乎。

2. 擬定訪問稿，設定「好問題」

我引導孩子思考：如何擬出「好問題」？怎樣的問題在活動現場能讓你順利進行訪問？我在黑板列出下列幾個方向。

❶ 先去了解受訪者的基本資料

訪問學生時，要問清楚對方的名字跟班級。若是採訪老師的話，還要加上「教什麼科目」。

❷ 必須是「開放式問題」

不可以是對方只需回答「是」或「否」的問題。因為，這樣子記者就沒辦法更深入聽到受訪者的想法囉。

❸ 問題必須扣合「點點日」的活動

比如，服裝的準備過程、在這過程中發生了哪些困難、你對這場活動的情緒或想法、你對這場活動的評論（或是你猜想學校舉辦「點點日」的目的是什麼）。

接下來，各組便開始擬稿，自製採訪單，再用夾板固定採訪單。如此一來，「專業小記者」的架勢就出來啦！

孩子自擬的採訪內容

1. 請問可以怎麼稱呼你？你是學生／老師？

2. 在準備過程，你遇到了什麼困難？怎麼處理？

3. 你準備的材料是什麼？誰跟你一起做？

4. 在做這件事時，你的情緒是什麼，為什麼？

5. 你覺得學校為什麼要舉辦這個活動？

6. 你今天參加完活動，對這個活動的感受／想法／評論是什麼？

STEP 3 ▶ 勇敢踏出去：記者採訪的初體驗

點點日當天，全班裝扮好自己的「行頭」之後，便出發來到廣場。看到場中師生的造型，孩子們非常興奮。主辦老師打扮成小丑，身上的鮮明圓點凸顯了活動主軸；校長則是男扮女裝，穿著米妮的點點洋裝出場，更是讓全場師生陷入了瘋狂！最後，大家歡樂的一起跳著快閃舞，身上繽紛的圓點點又為歡樂氛圍加了不少分。

這時，我們班上的小記者登場了！他們鼓起勇氣，深入狂歡的群眾裡，一看到裝扮最吸睛的人就馬上遞出麥克風到他眼前並開始訪問。當學生進行口頭訪問的同時，其組員則跟在旁邊飛快的動筆紀錄，將受訪者回答的內容寫在夾板上的訪問清單。

看到如此專業又認真的表現，老師、校長、同學都很肯定他們，莫不親切的回應。

STEP 4 ▶ 記錄與收尾：「新聞撰寫」有一套

事後，我請孩子將自己訪問的內容，轉化為新聞報導的格式。「請你觀

▲ 孩子鼓起勇氣，訪問了小丑造型的主辦老師。

察報紙，分析一篇報導內需要的內容有那些」最後，我在黑板歸納撰寫活動報導時的四點注意事項：

1. 下標：標題必須能讓別人看得出報導的主題是「點點日」。

2. 破題：第一段要簡述活動的時間、內容與地點。

3. 文體：內容必須為「說明文」，不須太多的文學想像，只要簡述受訪者的回答重點即可。當然，也可以加上「對話」，這會讓文章變得更生動。

4. 圖文並茂：這篇報導一定會提到哪些人的酷炫造型，俗話說「沒圖沒真相」，所以報導要搭配照片才會有說服力喔。什麼，你說沒有照片？那就自己畫插圖取代吧。你可以在學習單畫下受訪者的裝扮。

📖 智琪老師的觀課心得

　　看到孩子果決、自信的站出來訪問，這般「初生之犢不畏虎」的表現，成為當下最動人的畫面！試想，當他們再長的大一點，成為青少年甚至大人之後，還有多少人具備這種不顧他人眼光、想做就做的「衝勁」呢？

　　這樣的體驗是最真槍實彈的「職業教育」（了解記者這一行），也是孩子第一次「冒著被拒絕風險」的勇氣歷練。

　　班上有個孩子事後分享自己吃到閉門羹的經驗：他採訪一位學弟時，對方只想玩，不想回答這麼多問題，最後就跑掉了；他沒能完成採訪，只好摸摸鼻子，繼續尋找下一名受訪者。

　　像是這類「不怎麼順利」的時刻，我們的孩子在大人的貼心呵護下，能有多少機會品嚐、咀嚼呢？但當他們長大，父母提供保護的羽翼消失之後，他們得面對像大雷雨般驟然而出的各種不順遂，怎麼會吃得消？

▲ 找到裝扮最酷炫的那個人，趕快遞出麥克風做採訪。

　　趁孩子還小的階段就讓他們體會：這世界並不是 100% 順著自己的理想：你有可能被拒絕、被否定……。我相信，這次「點點小記者」的體驗，必能或多或少的影響他們，以更豁達的態度去面對未來的挫折與難關。

Part ❷

體驗篇
將課本道理
實踐到真實生活

課文是死的，體驗是活的！

想讓孩子能實踐課本上的道理、明白課文傳遞的知識，

就得讓他們在生活中親自體驗這些道理與概念。

除了課本，校內活動也是孩子學習、成長的好教材。

如何驅動孩子參與這些活動並從中獲得成長？

本單元的一些做法或可激發您的教學創意喔！

2-1

假公文眞私函，特別的母親節禮物拉近親子距離

課例示範　翰林版三上《社會》第二單元「我的家庭生活」‧第一課「家庭與我」

預計成效　讓孩子從「媽媽」和「親職專家」角度出發，設身處地的體會母親這職位的困難，再當個「小大人」，送給媽媽貼心又眞摯的建議。

社科知識

地理	歷史	心理	經濟	政治	法律	素養
		✓				✓

學習型態

參觀訪問	蒐集資料	筆記整理	欣賞體驗	討論報告	實作練習	調查分析	省思寫作
✓	✓				✓	✓	✓

核心素養

A 自主行動			B 溝通互動			C 社會參與		
A1 身心素質與自我精進	A2 系統思考與解決問題	A3 規劃執行與創新應變	B1 符號運用與溝通表達	B2 科技資訊與媒體素養	B3 藝術涵養與美感素養	C1 道德實踐與公民意識	C2 人際關係與團隊合作	C3 多元文化與國際理解
✓						✓		

學習單 & 課堂歷程下載

✿ 溫老師對社會科教學的想法

母親節前夕突然收到學校用公文封寄出的郵件，當媽媽的會不會嚇一跳？哈哈！這可是溫老師和四年級的寶貝們「密謀」許久的詭計。果然，幾乎所有的媽咪不是滿腹狐疑就是嚇出一身冷汗，等到戰戰兢兢的拆開公文封──裡頭竟是一本《快樂媽媽教戰手冊》，上面寫滿了自家孩子對媽媽的愛……

母親節，除了手做康乃馨與卡片還留下什麼？

每逢母親節，許多科目都會有應景的課文，學校的愛心媽媽也如火如荼的著手相關活動，校園滿是康乃馨的意象。導師也成了這波熱潮的推手，幾乎每班都在帶孩子製作母親節卡片。然而，除了卡片，母親節相關活動能否拉高內涵層次，成為探索職業、培養同理心的機會呢？

母親節，讓「情感教育」生根發芽的大好機會！

根據課程綱要，「家政教育」的目標強調家庭功能，重點包括「瞭解家人角色意義及其責任」、「運用溝通技巧與家人分享彼此的想法與感受」。我認為，形式上的卡片只能探觸到議題表層。若要深度的學習，唯有讓孩子實際理解自家媽媽的難處，甚至替她思考、分擔問題，才能真正喚起孩子對母親「感恩」甚至「疼惜」的情感──這樣的心意，絕對無法因為外在氛圍的堆砌而來，而是因為雙方心靈彼此靠近、彼此理解而生。

因此，我希望母親節活動本身不僅只是表達心意，還能創造一個讓親子溝通、分享彼此想法的好機會。這時「訪問媽媽」的活動就辦到了！

☽ 溫老師這樣教社會課

早在兩周前，我就請孩子訪談媽媽，並請他分析訪談所得的資料、找出媽媽不快樂的原因，再輔以心理學常識，針對她的困擾來客製一套解方。

訪問媽媽，體會「當媽媽」的甘與苦

孩子該問媽媽什麼事呢？聊媽媽這個角色啊，或者，聊平時媽媽覺得孩子不需知道也從不奢望孩子能懂的事，比如「教養孩子最讓你頭痛的事是什麼？」之類的問題……當媽媽終於把孩子納入同一陣線，雙方不再受到輩分、角色的限制，就能像朋友般的進行「真心話大告白」！

STEP 1 ▶ 老師幫忙列出採訪問題清單

由老師製作「媽媽快樂指數大調查」學習單，擬出七類跟媽媽這項「職業」有關的採訪問題，讓孩子參考。

	訪問問題	1~10分	理由
健康	1. 你對你的健康滿意嗎？為什麼？	4	還好，因為有時腸胃還是會不舒服。
	2. 你平常如何維持自己的健康？	7	不喝冰、甜的和奶製品(因為媽媽　　　)
	3. 接上題，如果沒有，你想如何改善？	8	媽沒維持，媽無法改善。
情緒管理	1. 你覺得自己的情緒管理如何？理由？	7	不錯，因為小孩不乖不會用罵打，也好說。
	2. 什麼事情容易引起你的負面情緒(壞情緒)？	6	小孩講不聽，不改善，提醒很多次也不聽。
	3. 你覺得當了媽媽後，最常出現哪些情緒？是哪些事情引起的？	8	無奈，因小孩理由太多了。
	4. 接上題，這些情緒可透過哪些機制(方式)來改善？	2	沒有，因為小孩理由太多了。
夢想	1. 你【現在】有哪些夢想？(至少3個)	7	老師、꒒歡受、彩虹媽媽
	2. 接上題，你怎麼去落實這些夢想？	6	練習並不停付出。
	3. 你過去有哪些夢想？這些夢想還在嗎？	9	老師，還在(木工老師)
	4. 接上題，你怎麼去落實這些夢想？	6	有經手，但要能力足夠。

▲ 「媽媽快樂指數大調查」學習單，參考用的問題清單分類

媽媽快樂指數大調查（局部內容，摘自學生填寫的學習單）

	訪問問題	1～10 分	理由
健康	1. 你對你的健康滿意嗎？為什麼？	4	還好，因為有時腸胃還是會不舒服。
	2. 你平常如何維持自己的健康？	7	不喝冰、甜的和奶製品。
	3. 接上題，如果沒有，你想如何改善？	8	如果沒維持，會無法改善。
情緒管理	1. 你覺得自己的情緒管理如何？理由？	7	不錯，因為小孩不乖不會用打罵的方式，會好好說。
	2. 什麼事情容易引起你的負面情緒（壞情緒）？	6	小孩講不聽，不改善，提醒很多次也不聽。
	3. 你覺得當了媽媽後，最常出現哪些情緒？是哪些事情引起的？	8	無奈，因為小孩理由太多了。
	4. 接上題，這些情緒可透過哪些機制（方式）來改善？	2	沒有，因為小孩理由太多了。
	1. 你【現在】有哪些夢想？（至少 3 個）	7	老師、基督歌手、彩虹媽媽。
	2. 接上題，你怎麼去落實這些夢想？	6	練習並不停付出。
	3. 你過去有哪些夢想？這些夢想還在嗎？	9	老師（木工老師）。還在。
	4. 接上題，你怎麼去落實這些夢想？	6	有經驗，且要能力足夠。

▲ 孩子在校內揣測自己媽媽的想法，結果寫出來的片面之詞多偏浮泛。

STEP 2 同樣一份學習單，寫兩次！

這份學習單為何要寫兩次？因為，孩子可能難以想像，「媽媽」這種職業並非表面看到兇一兇小孩、煮飯、上班、做家事那般簡單；她們心裡也會有壓力與苦惱，可能為了盡好媽媽的責任而犧牲掉許多娛樂；為了孩子的管教多長了許多皺紋……透過兩次不同時機填寫學習單的練習，可深化他們對「媽媽」這種職業的認知。

	訪問問題	1~10分	理由
	媽媽快樂指數大調查　四乙　座號：　姓名：		
教養狀況	1. 教養孩子最讓你頭痛的事是什麼？為什麼？	10	自己的東西沒整理,因為我們對小孩太好了。
	2. 如果還有機會選擇,你還會想生養孩子嗎？為什麼？	10	不會,因為生小孩很累。
	3. 教養中,讓你感到最安慰、最幸福的事？	10	受老師和同學愛待。
經濟	1. 現代生養小孩,經濟狀況會不會造成你的痛苦？為什麼？	5	會!要學的才藝太多,且要付食衣住行育樂的錢
	2. 你覺得養小孩,最花錢的地方是？理由是？	10	教育方面,因為要交學費。
支持系統	1. 家人(伴侶)、親戚在你的教養中對你有多大的幫助？	10	很大。多個人幫忙,會比較輕鬆。
	2. 你周遭有朋友可以幫忙分擔教養工作嗎？	10	有的。這讓我覺得很感激。
家務	1. 當媽媽和單身,家務上最大的差別是什麼？你調適的如何？	8	單身做的事輕少,媽媽做的事輕多,當媽媽會自動調適過世
	2. 如果需要協助,你最期待的是什麼？理由是？	10	希望小孩早睡,才能趁午夜場電影。
	3. 你期待家人可以分擔哪些家務？	10	幫忙做所有家事,因為小孩很懶。

▲ 經過實際訪談後，寫下來的內容讓孩子更了解媽媽。

1. 第一次：在學校完成。

我請孩子試著從媽媽的角度來揣測答案。這可讓他初步建構起對自己媽媽的同理心，同時也讓我確保孩子是否已理解題意。

2. 第二次：讓孩子帶回家寫。

請他在家裡進行訪問，並且把媽媽的回答筆記下來。這樣的實作既可增

加親子交流的機會，讓孩子聽見媽媽的心聲，也讓孩子藉此更了解自己先前憑著單方揣想所寫下的內容，與實際上媽媽說出來來的答案有著哪些差別。

STEP 3 ▶ 閱讀文章，理解哪些因素能讓媽媽快樂

我請學生閱讀一篇從網路下載的親職文章〈快樂媽媽 9 技巧 〉，並帶領他們理解、分析文中提到的每項技巧。文中提供的這些方法，可讓孩子明白成為「快樂媽媽」的祕訣。

這篇文章也能激發他們扛起幫媽媽解決困難的責任，進而學習從專家這個更高層次的角度給媽媽一些建議。如此一來，孩子送給媽媽的母親節禮物，就能從單純的「溫馨、可愛」，進化到「讓彼此成長」的等級了。

「形式」之外，給彼此最「交心」的禮物！

今年，我們就不做卡片了，改做《 媽媽快樂手冊》。前面的親子訪談、吸收專業知識，成果都將展現在這本小書裡！

STEP 1 ▶ 媽媽快樂手冊＝客製化的「良心建議」

在請孩子動筆之前，我先提醒他們下述規定。

1. 從「快樂指數大調查」中，找出五個讓自己媽媽出現壓力或不快樂症狀的原因。

2. 假裝自己是心理醫師、親職專家……或天神（自己決定要當哪個角色），從〈快樂媽媽 9 策略〉這篇文章中找答案，針對自家媽媽的煩惱「對症下藥」，給予明確的解方。

3. 這本手冊要加上可愛的圖畫或漫畫說明，製成精美又易讀的圖文書！

同時要求他們要保密；「別讓媽媽知道你在做什麼。」我也盡量提供午休或早自修等時段讓孩子在學校完成這本小書。

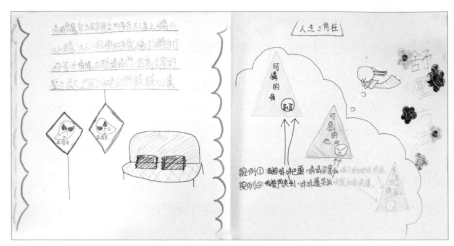

▲ 有孩子在小書融入學過的「人生三角」理論來開解媽咪。

孩子的作品真是圖文並茂，內容看起來既專業又實用！當然，還有一些童言童語跟無厘頭的搞笑。經過全班討論，我們決定：為了製造戲劇張力，郵寄這本《媽媽快樂手冊》並在信封上做手腳！

STEP 2 ▶ 營造懸疑：信封的「表面功夫」

我拿來學校的大公文封，一一放入孩子手作的小書。為求逼真，寄件人與收件人欄位都貼上打字、列印的資料（別讓孩子自己動手寫，不然就露餡啦！）甚至還煞有其事的加上「攸關貴子弟在校表現，請盡速拆封」的字樣。家長收到時，必定會以為自己孩子闖了大禍而不忽視這封信。等他拆開一看，就能發現這場由自家孩子苦心積慮製造的驚喜了。

STEP 3 ▶ bonus：孩子的校外體驗

孩子為了給媽咪一個難忘的母親節，在那個星期三的下午，全班頂著大太陽走了一大段路到郵局，親自將這封限時掛號貼上「限時郵票」並寄出。

這次到校外的郵局，我順道請他們為練習寄信的過程做筆記，觀察郵局的運作，還訪問郵局的經理，了解寄信流程與郵局業務等。當孩子完成這些任務後，我請全班吃個冰，犒賞一下為母親節活動而用心準備的自己！

STEP 4　驚喜加倍：錄給媽媽的感恩影片

除了《媽媽快樂手冊》這項母親節禮物，我們班上還有一段「感恩悄悄話」的影片喔！我請孩子在教室裡，每人對自家媽咪說出一段長約三分鐘的感謝話語，然後在母親節的那個周末將事先錄製的影片上傳到班級臉書社團。這意料之外的第二個驚喜，相信能給媽媽一次難忘的母親節回憶。

七大利多，親子共享！

1. 讓孩子體會當媽媽的「困難」與「複雜」。
2. 前所未有的親子交流機會！讓媽媽吐露「從沒想過要對孩子說的事」，像是工作上的困擾、管教孩子的辛苦等。
3. 孩子在創作小書時使出渾身解數，應用了「人生三角」、「五卡列表」等學過的東西。
4. 孩子努力模擬大人口氣寫出的道理 ＝ 創意 ＋ 純真 ＋ 爆笑，留下珍貴的成長紀錄。
5. 孩子未來也可能成為父母，在現階段先對此職位的內容奠定基本了解，將來更能調整好態度。
6. 「開放＋原創＝塑造自我風格」的小書形式，提供孩子思考與創作的空間。
7. 到郵局寄信的體驗，讓學習與生活經驗無縫接軌。

🫶 溫老師的教學省思

策畫這場母親節活動，主因當然是自己也身為媽媽，非常能同理這項職務的酸甜苦辣。雖然大家都說，不應該只有在母親節這天感念媽咪，但我不這麼想。正因為我們很容易把媽媽的愛視為理所當然，所以，有這麼一個機會來提醒孩子、好好思考並採取回饋行動，也未嘗不可。

在我的教學認知上，所有的學習活動，應當隱含更深刻更長遠的目標與意義。這次特別針對媽媽所承受的各項難題，事先請孩子試著猜想自家媽媽在各方面的快樂指數會有多少，再藉由訪談來核對媽媽的心聲是否符合自己預測？這項活動很能偵測孩子平時是否觀察到媽媽的日常動態與情緒。此外，這樣的活動也是母子間少有的高層次的深度對話。因為，媽媽總會認為孩子還小，豈能懂得成人世界的悲苦。

長期隱忍的結果，常常造就不懂事或不夠貼心的孩子。最後，我再找出專家從心理學角度提出的建議，讓孩子學習去讀懂這些他們平常不會注意的心理輔導類文章，自己也扮演起心理專家，給媽媽意見克服難關。一連串流程，最終目的仍是期待這群孩子未來同樣為人父母時，能夠採取健康正向的解決方式，讓自己有機會成為快樂的家長。

📖 智琪老師的觀課心得

情感教育之所以重要，就在於它會影響孩子與別人接觸、互動的模式。阿德勒曾說：「所有煩惱都是人際關係的煩惱。」人不可能獨活於這個世界，因此能與他人產生正向的連結、建立合作關係、意見不合時怎麼溝通迫切重要，懂了這些，幾乎能面對人生一大半的考驗。若連結到核心素養的三個面

向中的「溝通互動」及「社會參與」，這些也都需從情感教育開始培養起呀！

　　人世間有三種親密關係：親情、友情、愛情；其中的「親情」，就是孩子首次接觸並感受到的親密關係。若在孩子接觸世界之初就以「安全」、「正向」、「理解共好」的親子關係開始，將有助於孩子未來順利的經營友情甚至愛情關係。

　　若從學校的課程學習來說，課程綱要的重大議題「生涯發展教育」，強調培養孩子能力、讓他們的學習能銜接到未來的職場。所以，讓孩子有機會想像、深入探索對各種職業，這樣的素養就很重要了。此次讓孩子藉由訪問媽媽，除了能他更理解「媽媽」這個職業的內容與困境，還提供一個機會，讓孩子也能轉換到「親職專家」的角色，從心理層面為爸媽開藥方。

　　這樣的練習，讓仍是個小學生的孩子，也能優先體會其他職業、身分的專業及甘苦。

▲ 摘自某位學生的《媽媽快樂手冊》小書。用連環漫畫的形式，描述自家手足常讓媽媽抓狂的原因。

來自媽媽的驚喜回饋

恩予媽媽

昨天在信箱裡看見學校寄來的大信封，當下還真的是嚇了一跳 XD

謝謝溫老師，這個母親節企劃真的好盛大，四己小小兵的媽咪們實在太幸福了呀！現在我終於明白從「問卷訪談」到「媽媽手冊」，這中間溫老師施了什麼魔法了⋯⋯

回想訪談時要一題一題給自己評分，還真的傷了點腦筋，不過現在翻閱媽媽手冊，發現恩予正中紅心，完全掌握媽媽的需要啊，覺得好窩心，好感動呀！

感謝溫老師帶著孩子不只喊口號似的畫寫 I love you 和 thank you，而是花了很多心思，藉著引導孩子觀察想像，進行訪談，核對資訊，再統整出送給媽媽的小提醒⋯⋯

這個禮物太強大了，我都不知道該怎麼形容我內心的感動了，只能說，孩子能被溫老師教到實在是上帝超大的恩典！

我也要謝謝恩予，在手冊中她提出很多提醒媽媽如何處理情緒和壓力的方法，提醒媽媽要記得「休閒」，要記得「作自己就好」⋯⋯實在是，很貼近我的需要（淚）妳真的是很貼心的女兒，看著妳越來越長大成熟，媽媽的辛苦都很值得，我們一起繼續加油喔 ^_^

溫老師，也祝妳母親節大快樂！
昨天在信箱裡看見學校寄來的大信封，當下還真的是嚇了一跳 XD 謝謝溫老師，這個母親節企劃真的好盛大，四己小小兵的媽咪們實在太幸福了呀 ♥ 現在我終於明白從「問卷訪談」到「媽媽手冊」，這中間溫老師施了什麼魔法了⋯⋯ 回想訪談時要一題一題給自己評分，還真的傷了點腦筋，不過現在翻閱媽媽手冊，發現恩予正中紅心，完全掌握媽媽的需要啊，覺得好窩心，好感動呀 T^T 感謝溫老師帶著孩子不只喊口號似的畫寫 I love you 和 thank you，而是花了很多心思，藉著引導孩子觀察想像，進行訪談，核對資訊，再統整出送給媽媽的小提醒⋯⋯這個禮物太強大了，我都不知道該怎麼形容我內心的感動了，只能說，孩子能被溫老師教到實在是上帝超大的恩典！
我也要謝謝恩予，在手冊中她提出很多提醒媽媽如何處理情緒和壓力的方法，提醒媽媽要記得「休閒」，要記得「作自己就好」⋯⋯實在是，很貼近我的需要（淚）妳真的是很貼心的女兒，看著妳越來越長大成熟，媽媽的辛苦都很值得，我們一起繼續加油喔 😊

讚·回覆·49週·已編輯　　　　1

宇岑媽媽

昨天信箱收信件時，看到一封附小的信件？《攸關貴子弟在校表現，請儘速拆封》這幾個字，嚇得我心臟快速跳動？

拆封後發生何事？

竟然是我的小公主寄來的漫畫《mom 快樂手冊》裡面的文字、圖讓我放聲哭出來了啦！

我馬上回想，原來她上禮拜問了我好多問題《心理測驗》我不疑有她，很認真的回答，我以為是她的功課嘛！也確實是，因為溫老師也參與其中啦！

溫老師是共犯，但是～我要大聲說

我～太～愛～這～兩～個～共～犯～了～啦～

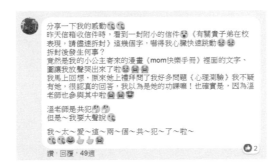

「小市長」選舉，
我們跟著來場慎思明辨的演練

課例示範　翰林版三上《社會》第四單元「校園民主生活」、三下第四單元「地方的組織與活動」

預計成效　藉由校內選舉，讓孩子從政見和性格來分析候選人，進而擁有慎思明辨的素養。

社科知識

地理	歷史	心理	經濟	政治	法律	素養
				✓		✓

學習型態

參觀訪問	蒐集資料	筆記整理	欣賞體驗	討論報告	實作練習	調查分析	省思寫作
					✓	✓	✓

核心素養

A 自主行動			B 溝通互動			C 社會參與		
A1 身心素質與自我精進	A2 系統思考與解決問題	A3 規劃執行與創新應變	B1 符號運用與溝通表達	B2 科技資訊與媒體素養	B3 藝術涵養與美感素養	C1 道德實踐與公民意識	C2 人際關係與團隊合作	C3 多元文化與國際理解
	✓					✓		

學習單 & 課堂歷程下載

✦ 溫老師對社會科教學的想法

南大附小每年下學期皆會舉辦「小市長」（模範生）選舉活動，孩子能從中學到什麼？老師又能藉此設計出怎樣的課程，讓這場校內選舉成為孩子學習民主的第一步？

小孩如何明白何謂公共事務？

翰林版三下社會課本 4-2「參與地方活動」介紹了社區擁有的多種組織與活動，課文並傳達了這個概念：公民身為社區（此定義也可延伸至團體、族群）的一份子，應積極主動的投入社區事務。

課文是死的，體驗則是活的；若要傳遞課本上的道理並深植孩童心中，就只有透過體驗才能辦得到。但，對於年幼的小三學生而言，他們根本無法插手社區事務，更甭提如何去實踐了。該怎麼辦呢？事實上，學生每天置身的「學校」就像個小型社區；最近校內如火如荼展開的「拂曉市長」選舉活動，孩子也能全程參與啊。不如就好好利用這個機會，將這場活動進行深化並結合課本內容，讓孩子對於公共事務也能擁有「摸得到的參與感」吧！

校內選舉，培養孩子思辨能力

我認為，「選舉活動」其實是培養孩子慎思明辨能力的絕佳時機！此次的教學設計，就從「對事」及「對人」這兩個面向來思考：

1. 對「事」：針對每位候選人提出的政見，評估其「實施可行性」。引導孩子思考每項政見是否有可能實行？在實施之後會不會出現其它校園問題？

2. 對「人」：究竟什麼樣的人才適合擔任這個職位？要具有怎樣的人格特質與能力才足以勝任？

溫老師這樣教社會課

適逢「拂曉市長」候選人宣傳週,候選者班上的孩子無不卯足勁,全力為自己支持的人拉票、宣傳。

一場場的公辦與私辦政見會、入班宣傳、海報宣傳、候選人拜票……這些活動佔據老師不少教學時間。對小三孩童而言,此系列活動則是讓他們興奮,這可是人生首次擁有的「投票權」啊!

然而,這麼小的孩子畢竟思想仍未成熟,他們的選票往往盲目獻給「認識的」或「看得比較順眼」、「表演比較精彩」的候選者,但,這樣的人真的適合當領導嗎?以下就是我帶領三己的孩子,學會如何好好看待並參與這場校內自治的步驟。

教學首部曲:理智的判別政見

「我要投給『提出最多政見』的那位!」還沒進行課程之前,有孩子看著那張介紹全部候選人的資料,就天真的這樣宣告。有的孩子則是直接看政見是否為自己喜歡,像是「下課時間長一點」就讓他決定要將票投給提案者,完全沒有考慮這項政見在現實中施行的可能。

到了第一次公辦政見會的時候,更是激動人心!只見候選人火力全開,在質詢前任幹部時,你來我往的機智問答,直讓人想拍案叫好。每位候選人發表政見也都慷慨激昂,令人熱血澎拜。但,我提醒班上的孩子:如果我們只是被台上的熱烈氣氛牽著鼻子走,未能好好慎思的話,又怎能明辨哪位候選人的政見才是「實際可行」的呢!

STEP 1 候選政見大分析

為避免孩子不經考慮就一股腦投奔「聽起來很迷人、實際上卻不可行」

的政見，我請他們當一名「政見評論員」，並引導他們思考下面幾點：

1. 這項政見是否具備實施的必要性？

2. 它如何實施？實施上會不會有困難？

3. 實施時是否會麻煩到師長？

我用實例來引導他們思考：「以『設立福利社』」這項政見為例，它聽起來很吸引人，但我們得從三個角度切入考量⋯⋯」以下就是我們師生討論的概要。

有實施的必要嗎？有候選人說，學校設立福利社的好處是：當你忘記帶文具時就可以去福利社買；但，如果只是忘記帶，難道就要因此買新的嗎？其實，跟別人借就好了啊。

另外，南大附小原本就有「榮譽商店」，如果簿本用完了，可以直接在那裡購買，根本不需為此多蓋一間福利社。那麼，開福利社會有什麼後果呢？有了福利社，學生可能會成天想著要吃零食，下課時就減少到圖書館借書或去球場打球的動機，大大不利於附小長久以來的學習風氣。此外，賣餅乾等零食還可能會引起垃圾亂丟、垃圾分類沒做好等問題。總結來說，蓋福利社造成太多負面影響，因此不建議實施。

如何實施？會不會有困難？福利社要開在哪裡？裡面賣的東西從哪來？誰來當店員？誰來管理收支？若依某項政見所言，讓學生擔任店員、體驗買賣的樂趣，可能會發生公平性的問題。

如果，當店員的學生看到朋友來購物就就算便宜，甚至免費賣給他，長期下來就會入不敷出。

是否會麻煩到師長？因為福利社涉及金錢與貨物的管理，想必會需要師長協助，也要由師長出面向廠商訂貨。老師還要花時間去處理這麼多的外務，不太可行吧！

如同上述流程，我讓孩子在課堂上試著全班共同分析幾項政見，孩子發

現原來背後要顧慮那麼多現實條件——福利社不是開了就好喔，還有考慮到經費、場地、實施流程等事情呢……逐步引導孩子學會以不同角度來判斷，他們就能顧及更多層面，而不是盲目選擇「自己喜歡就好」的政見。

STEP 2　寫作：拂曉市長政見評論員

有了這堂前導教學，接下來就可以讓孩子自主分析政見了。我彙整每位候選人的政見，用一張 A3 紙的正反兩面將之全部印出來，在課堂上發下這張列表給孩子參考，然後告知他們此次的寫作任務要點。

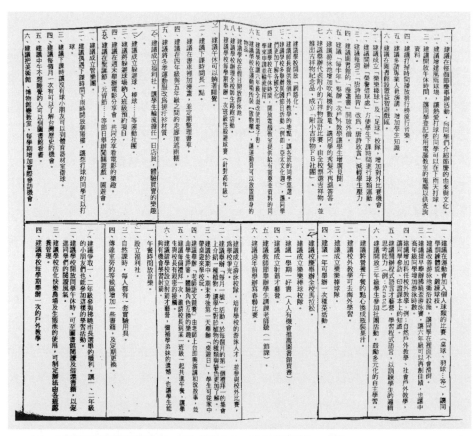

▲ 一面 A3 紙列出全部的候選政見，貼在作業本上，以便孩子比較、分析。

寫作提示：拂曉市長政見評論員

> 1. 選出可行、不可行的政見各三個。
> 2. 說明它們之所以可行、不可行的三個理由。
> 3. 說明這三個可行政見的實施步驟為何。

孩子從這份作業的練習中，試著用更周全的觀點來審視那些吸引他的政見，進而可了解「政見的實施成功度」才是評估候選人夠格與否的關鍵。

教學二部曲：人格特質大剖析

輪到第二次公辦政見會上場時，只見多位候選人藉由表演或搞笑來讓選民印象深刻。通常，學弟妹們的選擇對象也是他們自己覺得最爆笑、最有趣的那位。但是，要成為拂曉市長，「爆笑」會是最重要的嗎？更何況，會搞笑的不一定是候選人本身，可能是他的「助選團隊」呀！如果用爆笑、風趣當成投票的標準，我們怎能選出「真正合適」的人選？

STEP 3 ▶ 適任特質初探討

為讓孩子能明智的投出寶貴一票，我跟他們繼續這個議題的討論：「暫且不管政見是否好笑、有無創意，什麼樣的人適合為學校服務且能勝任領導責任？」拂曉市長就像軍隊裡的將軍，必須具備領導全校學生的魄力，有足夠能力可與其他學生或師長溝通、應付繁雜工作等。此外，他們也要有優異的情緒控制能力，不可以因為自己工作不順利就隨意發怒、牽連身旁的人……我期待透過這樣的對話，帶領孩子從上述幾點人格特質去思考「拂曉市長」必須擁有的性格、能力與行事作風。

有了上述討論，接下來就能讓學生繼續進行寫作與分析了。以下是我給孩子的寫作引導。

寫作提示：我對「拂曉市長候選人」的看法

> 1. 你心目中的候選人應該具備哪些條件？（須具備哪四種品格、三項能力？請參考性格列表）
>
> 2. 此次公辦政見會，哪一組的表演讓你印象最深刻？你會投給他嗎？
>
> 3. 如果憑著兩次公辦政見會的印象，你會投給幾號？為什麼？請說出三到五個理由。
>
> 4. 結論：你從這一系列選舉活動中學到了什麼？

透過「政見」與「人」這兩個面向的思考，孩子拼出了完整的輪廓，明白自己該如何公正的投出「神聖一票」，這過程是多麼的有價值啊！當孩子長大後，真正投入公民選舉時，也能依此衡量，就不會因為自己對候選人的主觀印象，或是執著於政黨輪替，而失去客觀、理智的心了。

智琪老師的觀課心得

或許是因為溫老師引導孩子謹慎決定、多方考量，當選舉邁入尾聲時，我看到孩子面對「該投誰」的議題均有了自己的見解，甚至也學會尊重他人的不同選擇，鮮少有「逼別人一定要選誰」或是武斷的「說哪個候選人很差勁」的言行──我想，孩子懂得包容，也許是聽過溫老師如此強調：「有的

候選人政見沒有考慮周全，這是因為他們也在學習的關係。其實，只要敢站上台、宣揚自己的理念，就非常不容易了！」這句話促使孩子設身處地去體會候選人站上台去面對群眾的勇氣，從而能以「肯定」心態去看待他們。

最後無論是誰選上「小市長」都不打緊，整個過程最重要的是：我們藉此培養了孩子積極、正向去投入選舉活動的「公民素養」。只能說，這次溫老師信手拈來，又成功的將制式活動轉化為璀璨又受用的機會教育了！

開講啦！人人都可卽興演講、說書、當「歐普拉」

課例示範	四上各科各單元
預計成效	結合科技，訓練自我表達與臨場反應的能力，並學會如何將知識轉化成簡單易懂的口語。

社科知識

地理	歷史	心理	經濟	政治	法律	素養
						✓

學習型態

參觀訪問	蒐集資料	筆記整理	欣賞體驗	討論報告	實作練習	調查分析	省思寫作
			✓	✓	✓		✓

核心素養

A 自主行動			B 溝通互動			C 社會參與		
A1 身心素質與自我精進	A2 系統思考與解決問題	A3 規劃執行與創新應變	B1 符號運用與溝通表達	B2 科技資訊與媒體素養	B3 藝術涵養與美感素養	C1 道德實踐與公民意識	C2 人際關係與團隊合作	C3 多元文化與國際理解
✓	✓	✓	✓			✓		

學習單 & 課堂歷程下載

✪ 溫老師對社會科教學的想法

每週三一早，南大附小校園就會響起「決定命運」的廣播：這天的早自習時間，每班都有兩名被抽到的「幸運兒」，必須在廣播過後立即到別班進行即興演講。演說主題自己決定。至於何時準備演講題材呢？這點也很自由，反正身為南大附小的學生，本來就該隨時接受這種挑戰。

好活動＝師生心目中的洪水猛獸？

這項例行活動施行已久，出發點是為了訓練孩子的勇氣、臨場反應與表達能力。但，師生又是怎麼看的呢？老實說，很多老師認為這不是正課，自己只要盡到提醒、監督學生的責任就行了。

而學生則個個抱持不見棺材不掉淚的僥倖心態：「班上有那麼多人，不會抽到我啦！」若不幸被抽到了就大呼倒楣，然後怯生生的到別班隨便講一講就交差了事。於是，校方的好意被扭曲，「即興演講」成為有名無實的空殼子。我想，如果哪天學校高層決定廢止這項活動，全校師生可能都會覺得「終於解脫」了！

即興演講＝栽培「有機素養」的介質

其實，「即興演講」是訓練口語表達的最佳機會。我一直希望孩子在各種情境都能靈活做好「符號運用與溝通表達」這件事，因此，在課堂上也常創造機會去訓練他們在圖文方面的表達能力，但，迄今還沒有什麼機會可以鍛鍊口語方面的表達能力。

現今教育界很流行「素養」這個概念，我則主張素養必須是「有機的素養」。也就是說，它無須刻意訓練，在「現實教室」裡就可以順勢培育出來。像南大附小每周一次的即興演講，可不是一個現成的「培養介質」嗎？

溫老師這樣教社會課

說實在，沒有實質教學意義、欠缺事前準備的校園活動，比比皆是！但是，孩子卻會因為自己表現不好而打擊自尊。其實老師也厭煩這種活動傷了孩子的心，卻又不知該如何改善，只能在事到臨頭的當下不斷鼓動孩子：「說大聲一點！要站好！不要害羞呀！」

為何「即興演講」的成效不大？說穿了，這就像你還沒教孩子跑步，就要他們立刻學會跨欄一樣，平時沒有訓練學生發表意見與說話的技巧，卻冀求他們在即興演講時能有優異表現，這當然是不可能的！

但話說回來，正課都上不完了，老師哪有時間去幫孩子培養「即興演講」的相關技巧？於是我決定將這項全校師生不得不應付的例行活動，轉化成培養學生能力的機會教育。

即使無法培育出像美國脫口秀節目主持人歐普拉（Oprah Gail Winfrey）那樣的名嘴，至少讓孩子在面對「即興演講」這項活動時不再茫然失措。

暖身：一場課堂討論與一項寫作任務

STEP 1 討論、尋求活動的意義

我花了一堂課的時間跟孩子共同思考、討論「即興演講」這項活動的立意，以及自己該如何達成校方期望的實際做法。我先在黑板寫下大綱，當作集體討論的依據，並隨時在各項底下補充要點。

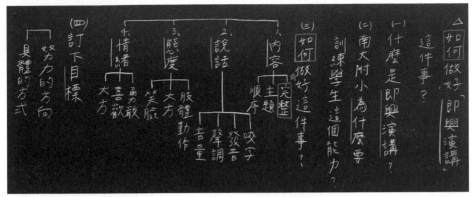

▲ 板書隨時跟著討論進度更新內容，促使孩子更專注的思考這個議題。

STEP 2　探討演講的各項技巧

我把一場成功演說的要素拆解成內容、說話技巧、外在舉止（態度）、主客觀情緒這四大面向，並逐項跟孩子討論。自己偶爾還要適時來場表演，親身示範給全班看，好讓他們更能具體明白該怎麼做。

一、內容

1. 完整：起頭＋回答＋結尾，要有頭有尾

我先示範學生平時在課堂上被點名發表意見的做法，強調在禮儀方面要有頭有尾。例如，在回答問題之前要，先說一句類似「針對剛剛○○提出的問題，我認為……」的話語當開頭。因為，如果直接就講出自己想說的答案，感覺很突兀、不禮貌。講完的時候也要以「我的看法就說到這裡，謝謝大家！」做結尾。

2. 主題：確認你要說的主題，且主題要跟內容相符

在即興演講之前，一定要確認自己要說什麼主題；而且，主題跟內容也要相符。關於這點，班上有位孩子比喻的很貼切：「你不能主題訂『台北之旅』，內容卻在講『去北京玩』的經歷呀！」

3. 順序：腦中排列好要說的重點流程，不要東跳西跳

陳述看法的時候，不能東講一塊、西講一塊；跳來跳去的，別人會聽不懂。我提醒孩子，想要讓演說顯得條理分明，可以事先擬好演講稿。比如，要介紹某場活動時，演說的內容順序應該是：先說明「○○是什麼」→舉例說明「該怎麼做」→分享「實施時遇到哪些困難」→最後用「結果」來收尾。

但演講的時候可不能背稿或念稿喔，而是事先在腦中排好順序。所以，我們平時就要做好準備，等到被點名上台演講時，就不會腦袋一片空白了！

二、說話

演講的時候，要注意咬字、音量、發音跟聲調。其中又以咬字跟音量是最基本的要求。像「ㄊㄟ」「ㄣㄥ」「ㄗㄙ」「ㄌㄖ」這幾組發音，一般人常會發不準。如果演講者的咬字清晰、發音正確，聽起來就讓人覺得動聽。

除了發音，聲調也是吸引人繼續聽下去的因素。聲調要有高低起伏，最好還能融入情感，聽眾才不會覺得單調。還有，音量要夠大聲，這是讓別人聽得到你在說什麼的前提。

三、態度

在態度方面，我分成肢體動作、舉止大方、面帶微笑這三點。剛好這天早自習時段有別班孩子來「即興演講」，他們縮在牆邊、看起來非常緊張，眼睛不敢朝向聽眾，也沒有什麼肢體動作，讓人感覺他們根本就沒有準備。

我以今早孩子們都看到的事實為例：「不管演講內容是什麼，如果他們能適時加入動作、身體不要縮在一塊，並且保持笑臉，演說就會變得精彩起來了。」

四、情緒

我認為，勇敢、喜歡（喜悅）、大方這三點是讓演說獲得成功的關鍵！但也是最難做到的。因此，平常要多訓練孩子在這方面的能力。我告訴他們，訓練即興演講的最佳時機就在平日的課堂。勇於舉手發表是第一步！第

二步則是練習自己如何在登場時能確實達到上述要求。「如果你平時就勇於發表意見，這就累積了實戰經驗。那麼，一旦被抽到即興演講，就能夠克服恐懼與緊張，這才會呈現你最棒的一面啊！」

寫作提示：如何做好「即興演講」這件事？

一、什麼是「即興演講」？

二、南大附小為什麼要訓練學生這個能力？

三、如何做好這件事？每項能力都要舉例說明如何做。

　　　1. 內容：❶ 完整

　　　　　　　❷ 主題

　　　　　　　❸ 順序

　　　2. 說話：❶ 咬字

　　　　　　　❷ 發音

　　　　　　　❸ 聲調

　　　　　　　❹ 音量

　　　3. 態度：❶ 肢體動作

　　　　　　　❷ 大方

　　　　　　　❸ 笑臉

　　　4. 情緒：❶ 勇敢

　　　　　　　❷ 喜歡

　　　　　　　❸ 大方

四、訂下目標：提出具體的努力方向

當討論到差不多的程度時，我要求孩子去思考：自己在上述四大面向該如何獲得進步的具體方法，，並將之訂為努力的目標。像一些比較內向、害

羞的孩子，他的目標也許就可以這樣訂：平常不要害怕舉手發問或發表意見，多給自己一些表現機會。

STEP 3 ▶ 寫作文：如何做好「即興演講」這件事？

我們在課堂上充分討論了「即興演講」的相關事宜，我最後指派一項以此為題寫篇作文的作業。為何要讓孩子寫這樣的文章呢？用意就是要他們透過寫作的方式，去回顧今天在課堂上討論的重點，再將大家集思廣益得到的結論用自己的話詮釋一次。這也是強化孩子「自我監控系統」的方式。

長期訓練：在日常各種情境隨時練習

當孩子對「即興演講」有了正確認知，接下來就展開長期特訓！這次依然秉持我向來主張的原則：教學不需另闢戰場！我直接利用課堂時間，隨時為孩子練習問答技巧；也請他們放學後從日常生活裡頭找出合適的題材，並自己找時間排練「演講」。

STEP 1 ▶ 在課堂上盡量多做發表

要想鍛鍊學生的口語表達能力，他們在課堂上發表意見或回答問題，就是現成的絕佳起點！

老師要隨時鼓勵孩子：「一有想法時就要積極、主動的講出來喔！」別忘了幫他們指出每個人在口語表達方面的亮點，以及還可以再進步的地方。由於這項訓練至少會維持一個學期之久，在漫長過程中，老師還得適時打氣：「現在的努力都是為了隨時會登場的即興演講，也讓自己以後的表達能力變得更好。」孩子聽了會更樂於在課堂上發表意見，也更願意做好「即興演講」這項任務。

最後，這種搭了各種課程「順風車」的做法，不僅讓孩子真的內化了口

語表達技巧、燃起他們對課程內容發表各種想法的動機，也間接顧及了班級經營，使全班更投入各項學習活動。真是「一魚多吃」啊！

STEP 2 每周錄製一次演說影片

接著我提出第二項要求：請孩子利用周末時段自行練習一場 5 到 10 分鐘的短篇演講，並且要將這場演講錄製成影片。演講的主題自訂，只要在規定時間把影片上傳到班級的臉書社團即可。

1. 一周一 PO，熟能生巧

現在的智慧型手機都有錄影功能，班上孩子也都人手一機，家裡也多半有可拍攝影片的三 C 設備，所以這項要求並不難達成。但是，孩子要能持之以恆，這就頗有難度了。

我不強迫每個孩子都要執行這項任務。但是，沒有上傳影片的孩子，就逃不過每周三早自習到別班「即興演講」的命運囉。也就是說，只要孩子完成 ❶ 自行練習演講、❷ 錄下演講的影片 ❸ 並且上傳，當周就得以免除被迫參加「即興演講」的責任。「要選擇面對鏡頭和家人呢？還是去別班面對 20 幾雙陌生眼睛的打量？」我讓孩子自己決定。想當然爾，他們大部分選擇了第一個方案。

2. 日常生活，最佳的題材

短篇演講要說些什麼？該在哪裡錄影？「其實，日常生活中隨時隨地都可來段簡單的即興演講，內容可以是參加婚禮的過程、訪問店家的報導，或是介紹家人或自己的寶貝。」面對孩子的困惑，我做了點提示。

由於主題自訂，孩子想講什麼就講什麼，他們錄製的影片逐漸浮現自己的風格。喜歡歷史的孩子，他的一系列影片幾乎都在講歷史故事；素有「台灣好媳婦」形象的女孩，就在影片裡玩茶道，介紹泡茶的知識；還有人跑去訪問店家、介紹對方特色，儼然是電視台 SNG 連線記者……孩子不僅越

來越樂於用影片分享，也很期待班上其他同學的新作。就這樣，新鮮感與期待取代了恐懼跟厭惡，所謂的「即興演講」再也不是夢魘了！

▲ 詞彙豐寡也會影響演口語表達能力！經常讓孩子找出課文裡的形容詞，可提高遣辭用句的能力。

3. 口說訓練結合課本內容

我認為，深化學習的策略除了寫作，還可以透過口說的形式，讓孩子把學到的知識「用自己的語言」來呈現。所以，這學期我將部分課程與即興演講的概念接軌。以下舉出幾個例子。

● **社會科**

在帶領學生認識家鄉的單元裡，我安排一系列「大台南走透透」的教學活動（本書下一個單元有專文介紹）。在活動過程中，孩子一邊遊訪台南各角落，一邊錄下自己介紹當地特色的影片。

● **國語科**

四上的康軒版國語課本有篇文章〈走進蒙古包〉。為讓孩子對蒙古的遊牧生活以及這種住宅形式更有感覺，我規畫了手作蒙古包模型的 DIY 活動。這時，孩子就可以在演說影片裡介紹他自己做的「蒙古包」。至於〈美味的一堂課〉這樣的內容，當然不能只讓孩子唸唸課文就算了。

我請他們拍攝美食節目，記錄自己製作美食的過程，還規定他們必須示範、講解每一道步驟。原本只是「紙上談兵」的課文，也能化為一段讓孩子難忘的生活體驗。

● 預習或複習

健康與體育這門科目，我請學生摘要課本內容、加上講解再錄製成「健康小博士」的衛教片。孩子為讓影片更精彩，因此很主動去蒐集、彙整相關資料。

● 考前複習

期中考、期末考來臨時，影片主題就改成「分析各科目考試重點」「判別容易搞混弄錯的內容」吧！這做法同時顧及了學科成績跟口語表達的訓練，多好！

STEP 3 ▶ **期末寫作：回顧甘苦談**

我們以每周一次的頻率，讓孩子持續用影片記錄自己的演說練習。這種演練累積十多次之後，我讓他們寫下自己對於「即興演講」的省思與感受。

幾乎班上所有孩子都在文章裡表示，自己從起初的緊張、害怕，到後來習以為常，甚至覺得這樣的活動很有趣、很有意義。那麼，家長又是怎麼看待「錄製演說影片」這件事呢？會不會覺得很麻煩？

事實上，家長可決定自己參與程度的多寡。有些家長全程陪伴，不僅在錄製時擔任攝影師，甚至還指導自家寶貝話要怎麼說、影片該怎麼拍才會精彩。有些家長則採取放牛吃草的策略，讓孩子自己用電腦或手機的前鏡頭來拍攝他的演說，家長只在最後一關協助將影片上傳到臉書。後來，我在校慶時遇到這些家長，發現他們大多很認同這項訓練：「自家孩子從中獲益甚大。」也有人反映：「當看到自己孩子越來越落落大方，覺得非常感動！」做爸媽的看到孩子有所成長，怎可能願意拒絕這樣的訓練機會呢？

小小說書人：透過校內活動來場驗收

到了期末，這些特訓都還在持續進行著，我們收到校方通知下學期要舉

辦「小小說書人」的比賽。我想，既然孩子這幾個月都在練習如何用口語來表達，不妨趁這場校內比賽來強化任務目標，同時驗收一下成果。

STEP 1 ▶ 每個孩子都是小小說書人

比賽規定，凡是三年級以上的學生都可自由組隊參加。通常老師只會匆忙詢問班上有沒有學生願意參加，甚至直接指派那幾位比較放得開的孩子去報名。我覺得，原是人人可參加的活動卻變成只有少數菁英能參與，未免可惜！於是直接將這場比賽變成為「全班的事」。

我要求每個孩子都要找到組員、背台詞、練習肢體表演、製作道具……而且，說書的內容最好能結合國語、社會等課程內容。一時之間，每個孩子都成了編劇兼演員，甚至還身兼導演的角色。他們一起發想如何把課本裡的故事變成可以上台表演的腳本，忙著糾正彼此的發音、咬字、肢體與表情。

STEP 2 ▶ 放下得失，比賽就是學習

有的孩子表現優異，有的則是成就感較低；不論他們的能力如何，我都希望他們能從這樣的活動中獲得成長。因此，除了在教室裡練習，我還趁著陽光和煦的日子帶全班到校園裡的空曠場地進行練習。我叮嚀他們不要有得失心，也不要去跟別組比較，而是要放下「在意他人眼光」的包袱，全心全力投入自己小組的練習。

STEP 3 ▶ 透過觀摩、演練來來學習

在放寒假之前，我利用空檔在教室播放「小小說書人」前幾屆得獎者的演出影片，請孩子留意學長姐的音量、咬字、動作與表情，學習他們的優點。我也親自示範幾次，讓孩子知道自己還有哪些地方需要改善、該如何去調整。

STEP 4 以出賽為名，堅持排演節目

最後，我慎重其事的把參賽這件事變成寒假作業。我希望每一組在假期能自行約時間舉行團練。當然，想讓孩子在長假期間自動自發，當中的變數真不少！這牽涉到學生自己安排聚會的能力、領導力、小組向心力、個人的投入程度以及毅力。還有，這些孩子的家長能否抽出時間配合、是否願意提供協助……果然，開學後詢問過一遍，只有兩組因為家長很積極配合而有排練，其他組別的進度幾乎是零。

儘管如此，開學後我仍讓學生繼續分組練習。不論他們在寒假期間有無投入心力，這件事都不該輕易就此放棄。我們在教室裡練習、到戶外廣場練習；用正課時段排演、在午休時間加練；我親自一一指導，實習老師從旁協助……不管結果如何，我們就是持續的、用心的練習。我希望孩子能從中體會「為一件事情付出努力」的滋味。

STEP 5 每個孩子也都是比賽的評審

終於來到舉行「小小說書人」的日子了。每個參賽隊伍輪番登場，我要求在台下的孩子必須另外再執行一項任務：為每個隊伍打評分。

在比賽之前，我請他們回想「即興演講」有哪些評分標準，然後一起將這些標準改成這次比賽的「評審單」。單子裡的評比項目分成六項：音量大小、肢體動作、表情、團體合作、咬字、道具。然後每人發一張評審單，要求他們在比賽現場評估每一隊的表現。

當孩子有了這項任務，就會努力觀看台上表演。或許，他們可從中學到更棒的口語表達技巧。但最實際的結果其實是：孩子會因為很專注的觀看、做紀錄，根本不會出現「秩序」問題！

温老師的教學省思

請孩子自行用影片紀錄自己練習短篇演講的方式,最後竟造就了「親師生」三方的豐收! 除了上述提到家長們的肯定與感謝,我達成了教學目標,孩子也感受到自己的蛻變。

1. 臺風從慌亂變穩健

過了一個學期之後,孩子面對「上台發表」已能鎮定如常。就連平時不愛主動發言的孩子,被老師叫上台之後都能侃侃而談。如此飛躍性的進步,「演說影片」可說是最大功臣!

2. 讓孩子愛上演講

在某個即將迎來期末考的日子,我想讓學生暫停一次這項任務。竟有孩子抗議:「不要啦,我想講!」究竟,讓他們愛上這項任務的秘密倒底是什麼?

首先,老師要抱著「孩子有 PO 影片」就是「賺到」的心態,以開放、包容的方式面對他們的作品。就算沒拍足 3 分鐘,或是主題選的很奇怪,請你也睜一隻眼閉一隻眼吧!孩子因為不必擔心被老師責怪或批評,因而能夠放心的講述自己喜歡的主題。

至於沒 PO 影片的孩子,也不需強硬逼迫,只要讓他們在禮拜三的「即興演講」時間到別班練習即可。

再來,老師公開宣揚精彩影片的作者在演說方面的亮點。我在課堂公開播放他的演說影片給全班參考,再請大家一起分析他的優點。這對創作者來說是一種鼓勵,對於其他從沒想到還可這樣做的孩子,則能產生刺激的正向作用,激發他們用更多元的方式來表達。

3. 已成習慣，不做好奇怪

有孩子說：「這可比打電動還好玩！」因為能自由發揮，且他們已習慣面對鏡頭了，孩子也感受到自己的進步。面對一個好玩、不難（做多次之後就不覺得難了），又有意義的事情，難怪他們會樂此不疲！

智琪老師的觀課心得

曾聽溫老師提起「不教而殺謂之虐！」這句話讓我印象很深刻。

1. 不教而殺謂之虐！

有些老師會怪罪學生：「怎麼會學都學不好呢？你都沒努力唷！」但老師卻沒想過自己是否曾經很具體的、清楚的教過孩子呢？有沒有採取適當的方法或策略，讓孩子將知識內化成自己的能力？如果上述兩件事老師都沒做到就開罵了，豈不是「不教而殺」嗎？

溫老師在展開訓練之前，先跟孩子交心：「你們現在即興演講表現不好，不是你們的錯，這是因為老師還沒教你們。老師沒教導致你們做不好，這是老師的錯！」我聽到這句話的當下非常驚訝。

溫老師很謙卑的劃清了「教」與「學」的界線，讓孩子對自己表現有了正向的歸因：我表現不好可不是因為自己很爛的緣故喔，而是我還沒學到方法。儘管溫老師把責任歸咎於自己，她仍語重心長的提醒孩子也要扛起自己的責任。「如果老師教了，你們仍然做不好，那就是你們的錯囉！」這句話警醒我，如果老師長期獨權扛下「讓孩子學會」的重責大任，不夠努力的孩子可能就會直接推卸責任：「我就聽不懂老師在說什麼呀！」孩子忘了，

能否學會其實最終仍得靠自己努力。

2. 事半功倍 vs. 事倍功半

對於「不另闢戰場」就獲致教學成效這一點，溫老師笑著回答我的疑惑：「這就是『事半功倍』的教學呀！」

有的老師可能會花很多節課專門教孩子如何即興演講，卻無法將之延伸到各種教學情境，這種做法可說是事倍功半！溫老師則把每節課都跟即興演講搭上邊，隨時隨地讓孩子練習，從小組報告到舉手發表都成了練習的環節。

她還想出妙招，順勢借用在網路上的班級社群及三C科技，培養孩子演說跟錄影的能力，隨時隨地都能來場「實況轉播」。這樣做，即興演講不再

▲ 從國語課文〈走進蒙古包〉延伸出一系列學習活動，並搭配班上的演講訓練，請孩子到二年級當小老師、向學弟妹介紹蒙古文化。

是師生的噩夢，而是雙方都快樂的做法！學生提升了表達能力、老師則因為孩子變得敢舉手發表，教學更順利！

3. 事後令人驚豔的進步

事實上，這種「即興演講」的相關訓練施行了將近一年。孩子對於自己在公開場合說話這件事已司空見慣。雖然在課堂上未必每個人都會很積極的主動上台發表，然而一旦要上台說話，大抵都能侃侃而談，不致於害怕或緊張。

每個人的天生資質不同，口語表達能力也有差異。但這兩個學期以來，孩子花了將近 100 個小時投入這項訓練。每次錄製兩分鐘的演講，花費的時間可不只是這兩分鐘而已，還包括事前寫稿、錄影時因為講錯等因素而重錄……花了這多時間在這件事情，而且他們越來越專注在這件事情上，怎可能沒有進步呢？

拍攝演說影片的任務，最後還有孩子發展成模擬採訪、人物角色扮演、旅遊嚮導。也有人為了提高影片品質而開始學習後製。光是這樣的活動，讓孩子練就了撰寫創意腳本、如何在節目中串場、影像編輯等延伸技能。我相信，這些持續下來的學習能量，必定豐沛可觀！

2-4

新聞的「果凍筆事件」，變成批判性思考的教材

課例示範　果凍筆新聞事件

預計成效　藉由新聞議題，訓練孩子更周全的衡量利弊，找出自己想法，並學會有禮且有效的口頭溝通。

社科知識

地理	歷史	心理	經濟	政治	法律	素養
						✓

學習型態

參觀訪問	蒐集資料	筆記整理	欣賞體驗	討論報告	實作練習	調查分析	省思寫作
		✓		✓			✓

核心素養

A 自主行動			B 溝通互動			C 社會參與		
A1 身心素質與自我精進	A2 系統思考與解決問題	A3 規劃執行與創新應變	B1 符號運用與溝通表達	B2 科技資訊與媒體素養	B3 藝術涵養與美感素養	C1 道德實踐與公民意識	C2 人際關係與團隊合作	C3 多元文化與國際理解
	✓		✓			✓		

學習單 & 課堂歷程下載

✪ 溫老師對社會科教學的想法

話說 2017 年夏天，「果凍筆事件」從網路延燒到各大媒體，成為該年度最熱門的教育話題。

掀起全國熱烈討論的源頭是：有位家長在網路 PO 文表示，她的孩子在學校丟了昂貴的果凍筆，老師卻不做處理。短短貼文引起了眾多老師跟家長的迴響，還有人翻出 2016 年初親子天下翻轉教育網站刊登這篇由台北市博愛國小的張道榮老師撰寫的〈果凍筆要買嗎？〉這下子，更多人加入「果凍筆」的討論行列。顯然，一枝要價台幣兩百多元的果凍筆，早就是小學老師跟家長都注意到的流行文具。

若從使用價值來看，果凍筆可說是校園文具界的「高級奢侈品」因此有些老師與家長很反對孩子花錢買這種筆，就算買了也別帶到學校，以免引起學生「崇拜奢侈物」的歪風。有人則覺得「如果家長的經濟條件許可，讓孩子用比較好握的筆，難道不行嗎？」

一時之間眾說紛紜、莫衷一是。不過，我比較在意的是：像這樣公說公有理婆說婆有理的議題，有無可能成為教材，讓孩子學會從多方立場思考問題，揣摩不同身分的人可能會有怎樣的感受與考量？

「果凍筆，該帶？不帶？」大論證

於是，我們班就來了一場論證。這不是正式的辯論大會，也不拘泥形式，我只要求孩子要設定自己的角色與立場，上台時則要遵循自己的觀點去與觀點對立的人「相互對話」。

在這過程中，老師不用「介入辯論」，也不必「選邊站」，只需尊重孩子的意見，任其自由發展即可。統整這門課的教學成效，我發現，孩子們從中萌生了四項很有價值的能力。

1. 創造力

已習慣獨立思考的孩子，一旦遇到發揮空間，往往表現讓人讚嘆不已！比如，這次我請他們去設定自己的身份，就有孩子在上面大玩創意。比如，有人想出「家長聯盟基金會董事長」「教育部高等部長」之類的頭銜，從既有規定變出多采多姿的花樣。

2. 表達力

看到站在台上進行論辯的孩子，每個人都能條理清晰的說出自己論點，這場景彷彿是他們這一年來執行「即興演講」訓練的「成果發表會」。

最讓我印象深刻的是，有位屬於正方的孩子說：「學習是自己的，如果你因為果凍筆而影響到自己的學習，那麼是你自己要負責！所以老師不能強制學生該帶或不該帶。」這是多成熟的論調！我大感欣慰——畢竟，這些孩子吃了我快兩年的口水，想法隱隱顯露阿德勒「課題分離」的精神，這也不為過。

3. 聆聽力

我發現，孩子在正反兩方的論證過程中並不是各說各話，他們會停下來聆聽對方的看法，再予以反駁。我想，這樣的舉止不僅代表他們已脫離「自我中心」的階段，也已經習慣「聆聽」別人了。兩年能有這樣的改變，我真的很高興。

4. 思辨力

不流於從眾、不盲從權威，也是獨立思考的一種形式。在這方面，與其讓孩子「被動吸收」這個概念，不如給他們試著「主動詮釋事件」的機會。當孩子能有主見的為一件事下評論，腦筋就能越來越活躍。

溫老師這樣教社會課

在民主時代，人人都希望自己有主見、不盲目從眾，能清晰評估事情並且清楚表達自己觀點。然而，這樣的特質要如何培養呢？

打造一個學生敢表達的環境

我認為，要讓孩子「有想法」，有兩個很重要的前提：

1. 自由、開放的氛圍

在威權國家，政府不容許任何異於官方說法的思想，人民為了安全甚至為了活命，哪敢談「自主思考」？教室也跟國家一樣，若老師總是反駁、甚至全權否定孩子的想法，那麼，他們就不敢表達自己的想法了。

2. 對議題有充分的了解

要讓孩子對某個議題能有想法，首先就要給他們充分的相關資訊。當他們全面性了解事物的本身，才能發展出對此的觀點。也就是說，要讓學生有想法，當老師的必須做足功課！像這次的「果凍筆」議題，我就帶孩子從「物品本身」、「牽涉事件」逐步的探討，之後才開放時段給孩子表達自己的想

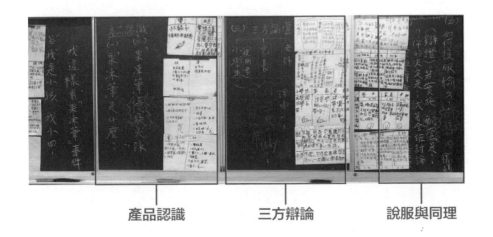

產品認識　　　三方辯論　　　說服與同理

法。如果，在孩子什麼都不懂的階段就逼他們說出獨特的觀點，那簡直是癡人說夢！

要培養孩子擁有道德觀念、是非判斷，並具備積極面對社會議題的公民意識，請大家就先從打好這兩大前提的基礎吧！以下就是我帶全班探討「果凍筆」的教學流程。

在展開辯論之前先做好暖身

STEP 1 認識產品與事件

果凍筆是什麼？從網路找上尋到相關圖片讓他們看，也請他們拿出自己的果凍筆給全班參考。接著，我簡單的口頭敘述「果凍筆事件」的原委，刺激他們去思考：如果自己帶這樣的筆到學校，對老師、同學，還有家長會有什麼影響？

STEP 2 分析果凍筆的優缺點

請孩子進行小組討論，並在小白板寫出果凍筆在各方面的優缺點以及影響。我限定他們要從這三個面向來思考：❶使用性、❷價格、❸對學生上課的影響。

在這個步驟，我希望孩子能用更客觀的角度，像偵探般的仔細蒐集事證，徹底的

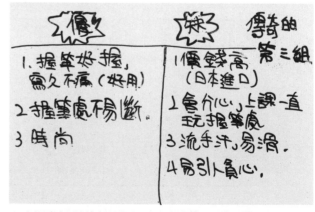

▲ 小組討論果凍筆有哪些優缺點，並將討論結果記錄在小白板。

分析果凍筆。有了這樣的評估,他們才能在下個階段發展出更全面的個人觀點,並進而有能力去試著用別人的角度(老師或家長)去揣摩他們對果凍筆可能會有的想法。

從辯論活動裡學到他者觀點

學生等於果凍筆的使用者,孩子購買果凍筆的錢通常由家長提供,老師則規範了學生能否帶果凍筆到校。我請孩子分別從這三種身分的立場,提出他們對於「該不該帶果凍筆」的看法。

STEP 3 ▶ 紙上模擬三種立場的各自想法

我宣布暫時解散「小組」,要求每個孩子自行思考。「學生、家長跟老師這三方,對於果凍筆應該會贊成還是反對?他們各自的理由為何?請你把自己的看法直寫在小白板上。」這個步驟是要促使孩子脫離自我中心的思考模式,讓他們明白:相同一件事,不同角色會有不同觀點。同時也鍛鍊他們如何去揣摩別人的觀點與想法。

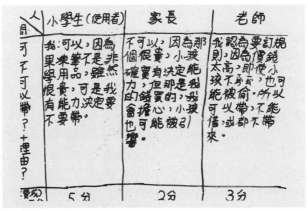

▲ 請孩子自行思考不同立場的人對於同一件事情的看法,並套用觀點句型來彙整。

針對不同立場對果凍筆的看法,孩子可能會這樣寫:

學生,同意。理由:因為它是學用品呀!所以可以帶。

家長,同意。理由:因為那是孩子的自由,且可以用在課堂上。是孩子的

東西，老師怎麼可以沒收？

老師，不同意。理由：因為它影響到孩子的上課秩序，所以我覺得那是非學用品。它雖然好用，卻有可能造成上課的困擾。

STEP 4 ▶ 選定要扮演的角色與立場

我請每位孩子都要從學生、家長或老師這三種身分選定一個自己要扮演的角色，並在小白板紀錄這個身分的自己會站在「支持」「中立」「反對」的哪一方。許多孩子發揮創意，從現實角色延伸，創造出一些很有趣的頭銜：家庭主婦、家長聯盟基金會董事長、教育部高等部長、學生聯盟反抗會……讓辯論會顯得百家爭鳴，熱鬧極了！

STEP 5 ▶ 實戰演練一場辯論大會

接下來，請孩子按照自選「支持」「中立」「反對」的立場來分組，每組並推派代表上台進行辯論。上台的孩子要輪流拿麥克風，說明或辯解自己的觀點。當然，在進入辯論程序之前，我先提醒孩子：「不用人身攻擊的方式，或是以極端的言詞來評價別人的觀點！你可以跟對方說：『謝謝你的意見，但我想表達我的想法，我認為……』千萬不帶著否定的意味。」

辯論活動延伸而出的素養

舉行辯論要避免雙方為了爭「輸贏」搞

▲ 請孩子選定一個身分，用小白板記錄這個立場的人對於帶果凍筆到校的看法。

得烏煙瘴氣。有時，辯論完畢，只因為贏方嘲笑或挑釁，導致輸方不服氣而釀成衝突。因此，這場辯論我並未要求全班要得出一個絕對結論，也沒有要他們去比較誰的論點會比較有底氣。孩子只需在最終決定：❶ 誰的理由可以說服我？ ❷ 我的決定是什麼？ ❸ 如果我贊成／反對讓孩子帶果凍筆到學校，還要做那些配套方案？

STEP 6 ▶ 辯論過後再次引導孩子

聽完一連串的三方觀點，我要求孩子「回到自己」，用小白板搭配觀點句型來表達自己現在對「果凍筆事件」的看法，也可以想一想：如果師長同意孩子帶果凍筆到學校，是否要準備什麼配套措施，好讓孩子不至於因為果凍筆而在課堂上分心。

學生練習範例

> 套用觀點卡句型「**我認為……，因為……**」「**我的結論是……**」
>
> ----
>
> 我認為，帶果凍筆到學校，會讓學生上課分心。因為，擁有這支筆的學生可能會向其他人炫耀，還有可能因此被嫌棄。他還可能會在上課的時候一直捏果凍筆而分心。還有，持有果凍筆的學生，可能會在上下課時段都在聊果凍筆，因此影響學習。我的結論是：如果你帶了果凍筆報學校還能專心上課的話，就隨便你要不要帶。但是如果你會因此分心的話，就盡量不要帶吧。

辯論，難免有輸有贏。我這裡說的「同理他人」，就是指辯論的贏方該如何去說服輸方、如何去同理他的感受。在這個步驟，我們要用到情緒卡。

1. 事前用故事改善活動氛圍

辯論會越成功，言語交鋒就越熱烈；言語越熱烈，情緒就越容易擦槍走火。會後，教室仍殘存了方才言語大戰的硝煙。所以，我刻意在辯論展開之前對孩子講這則故事。「拿破崙為了證明自己最厲害，打垮了所有敵人。結果他在遠征俄國的過程中，軍隊遇到天寒地凍、糧食短缺的困境，以前被拿破崙打敗的人都不願意幫他，因此釀成最終失敗的結局。」

以前被打敗的人都不願意幫他……這點提示，促使孩子將辯論的氛圍改成「相互對話」而非「競爭輸贏」，整個你來我往的過程中，正反兩方也都心平氣和，活動因此得以順利落幕！

2. 事後讓孩子進一步思考

辯論甫結束，我就問孩子：「辯論到最後，我們該如何讓論點顯得比較弱勢的那一方不會那麼難受呢？請具體描述自己要如何去同理對方。並且請你想一想，如果自己的觀點不斷被反駁，你會有哪些情緒？請參考情緒卡。」我舉例，這時產生的情緒有可能是挫折、丟臉、生氣，自己之所以會產生這些負面情緒，可能是因為自己覺得「沒什麼人支持，是不是自己的意見不夠好啊？」

用省思來為這場學習寫下句點

孩子在這堂課除了學到果凍筆、辯論程序等知識，也實際演練一遍人際相處之道。有位孩子在省思寫作寫下這句心得：「雖然我的論點無法說服所有人，但我還是很謝謝你們願意和我一起討論！」

我問全班：「你覺得溫老師帶著你們這樣看果凍筆事件，對你們的影響為何？」我請他們依序用以下三種形式來回答我。

1. 小白板：先用觀點句型記錄感受與想法。
2. 口頭發表：寫完小白板後，讓孩子上台分享。
3. 寫作：總結整門課

寫作提示：我小四，這樣看「果凍筆」事件

1. 產品認識：果凍筆是什麼？
2. 果凍筆特色分析（優缺點大 pk）
3. 三方論壇：學生（使用者）、家長、老師對於「該不該帶」的看法
4. 最後你覺得誰的理由可以說服我？你的決定是什麼？試著全班討論。
   若實施，配套是？
5. 如何說服對方，同理他的感受？（使用情緒卡給他悄悄話）
6. 你覺得溫老師帶著你看這個果凍筆事件，對你們影響為何？

📖 智琪老師的觀課心得

一場討論「果凍筆該不該帶來學校？」的辯論會，讓我努力穩住攝影機之餘，還得時時克制自己因為忍笑而顫抖的手。只見孩子有的扮演老師、家長、學生、家庭主婦、家長聯盟基金會董事長、教育部高等部長（後面兩個頭銜可是他們自創的）等各種角色，分以正反兩方的立場，一來一往的展開

辯論。他們莫不台風穩健，說得頭頭是道，我難以置信這是四年級教室中出現的風景。

當正方說「學習是自己的，如果你因為果凍筆而影響到自己的學習，那麼是你自己要負責！所以老師不能強制學生該帶或不該帶。」我吃驚到咋舌，這是小四生該說出的話嗎？當正方又說：「我覺得讓孩子帶外觀時尚的果凍筆是好的，因為這樣他以後才有眼光選好的老婆或老公！」我拼命壓抑才忍住沒有大笑，心裡不禁 OS：「『好看的』就一定是好老婆嗎？」最讓我印象深刻的，是正反方之間的攻防戰。正方說：「果凍筆可能是家長給孩子的肯定（獎勵），沒必要打擊孩子。」反方回敬：「這樣不就會養成學生『以物易物』的心態，只能靠物質來肯定自己？」聽到這裡，我被他們的成熟思維驚嚇到下巴都快掉下來了。

這場探討「果凍筆」的課程彷彿一場完美的成果發表會，能清楚看到孩子在溫老師這兩年來的帶領下，無論是思維或民主素養都直線上升，因而表現出穩健、自信又靈活的言行。

原來，這樣的議題也可拋給孩子

我以往認為，老師應該是絕對權威，不容置喙的傳輸道理給學生。但溫老師卻不是這樣！她從不預設立場，反而把「果凍筆能不能帶來學校？」這個問題拋給孩子，讓他們自己去評估。我想想也對，明明事件的主角是小朋友，但，爭吵、辯論的卻是家長和老師這些大人。我們怎不停下來聽聽孩子的想法呢？

溫老師先從認識果凍筆開始，還從商業設計與行銷的角度來分析產品的優缺點，再請孩子慢慢從中整理出自己的觀點。經過充分的準備並且跳出主觀意識的框框之後，再進入「果凍筆該不該帶到學校」的議題。我覺得這麼做非常有智慧。如果老師表明「該帶」或「不該帶」，那不就成為「公

▲ 展開辯論！正反兩方各自站在黑板兩側，主持人正在說明論點。

親變事主」，將自己攪入大人們（其他網戰的老師與家長）的戰局中？至於那些被迫壓抑自身想法去服從老師規定的孩子，內心也可能會不以為然吧！搞不好他們在私底下偷帶被老師視為違禁品的果凍筆到學校，這情況永遠是抓不勝抓、防不勝防。與其如此，還不如把「帶不帶的利弊」授權讓學生去自己評估。

別傻了，學生想得比你還周延！

又，你以為孩子會一股腦兒的支持「可以帶」的觀點嗎？那你就錯了！溫老師聰明的讓孩子分別從家長、老師、學生這三種不同立場來思考。當他們一旦脫離「自我中心」，開始換位思考之後，竟能體會不同立場的人可能會有的擔心。

例如：一直玩筆而導致上課不專心、因為這種筆太貴了所以別人想偷走⋯⋯這點讓我非常驚奇，原來孩子也很能同理並且進行多元思考。有人說：「果凍筆會導致大家圍在一起玩遊戲，甚至到上課時間也在偷玩。但上課時間應該認真讀書，不應該玩遊戲，所以我會支持老師把果凍筆沒收的做

法。」其實，孩子能說出這樣的話，完全不需要老師苦口婆心或諄諄教誨呀！溫老師還打趣孩子：「天哪！你們的標準比我還要嚴苛啊！」

正反方大辯論，良善溝通好順暢

當正反兩方人馬上台一字排開，並開始輪番陳述論點的時候，我很吃驚，竟然沒人有吃螺絲或嚴重結巴。每個孩子都能不受他人影響的發表己見。我想，促成進步的最大功臣就是持續了一年，每周錄製「即興演講」的影片。這樣的練習，不僅讓他們學會良好的臨場反應，也能夠毫不扭捏、態度很自然的面對鏡頭或群眾。

孩子在一來一往之間找尋對方語句的破綻，沒有人被對方的論點說服，這真是精采絕倫的「即興演講」，事先完全沒順稿！另外，論證過程中，孩子會先停下來聽對方的看法，之後再依以反駁。我想，溫老師常指派孩子「邊聽邊操作」的任務，這招果然有用！

雖然辯論如此激烈，但事後舉手調查，三分之二學生都認為可以帶果凍筆到學校，「因為自由是不可被剝奪的。但要遵守約定、負起責任，不能濫用自由。更重要的是，不要麻煩老師！這不關老師的事呀！」我現在終於知道溫老師為什麼會如此輕鬆了，哈哈！原來，把思考的球丟給孩子，孩子才會想的更多呀！

Part ③

行動篇
社會科，姐教的是
「十大能力」！

走出課本、走出校園，

走進真實的社會與生活！

孩子在實作過程中

學會了這十項可受用一輩子的能力：

1. 獨立思考、2. 分工合作、3. 觀察與感受、

4. 社交技巧、5. 寫作、6. 做筆記、7. 效率、

8. 實踐、9. 應用科技、10. 面對挑戰的能力

3-1

課堂外的音樂會是體驗，也是寫作與思考的鍛鍊

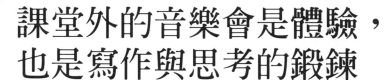

課例示範　翰林版三上《社會》第五單元「參與學習活動」‧第一課「豐富的學習內容」

預計成效　結合情緒、性格列表（五卡教學），練習以寫作來留住對藝術活動的領悟與感動。

社科知識

地理	歷史	心理	經濟	政治	法律	素養
						✓

學習型態

參觀訪問	蒐集資料	筆記整理	欣賞體驗	討論報告	實作練習	調查分析	省思寫作
			✓				✓

核心素養

A 自主行動			B 溝通互動			C 社會參與		
A1 身心素質與自我精進	A2 系統思考與解決問題	A3 規劃執行與創新應變	B1 符號運用與溝通表達	B2 科技資訊與媒體素養	B3 藝術涵養與美感素養	C1 道德實踐與公民意識	C2 人際關係與團隊合作	C3 多元文化與國際理解
✓					✓			

學習單 & 課堂歷程下載

✦ 溫老師對社會科教學的想法

某個星期四的上午，南大附小的老師突獲通知：台南大學音樂系的學生今天要來舉行「巡迴音樂會」，凡是在該時段沒排入科任課程的班級皆可自由參與。聽說，該活動原先計畫要在另一所學校舉辦，臨時因故無法成行而改至南大附小……這機會太難得了！即使三己在該時段已排入正課進度，我仍決定帶他們前往聆賞。

天上掉下來的禮物，音樂會

有孩子形容這次活動就像「突然出現的包裹」，讓人驚喜又雀躍。幸好，我們班平時訓練有素，對於參加課外活動已建立起基本的態度與認知，這次的音樂會初體驗頗為順利、愉快。學生不僅享受了令人陶醉的樂曲，也親眼目睹各式各樣的樂器。活動結束後，每個人都滿足的回到教室——然而，聽音樂會這件事就這樣的結束嗎？

擴增這份禮物的價值，寫作

有些老師認為，參加課外活動就等於浪費時間；或是覺得，像這種多出來的活動，讓孩子感受一下也就足矣；擔心教學時數不足的人則主張「活動歸活動，正式進度還是要顧」……我卻不這麼想！如果孩子參加活動就像台語說的「搵豆油」一樣，只是湊個熱鬧然後就拍拍屁股走人，這種流於表面的做法才會讓「參加活動」變成「浪費時間」呢！

所以，不管是課外活動還是正式課程，我都會想辦法讓孩子在事後也能「自我思考」——這是奠定獨立思考能力的基礎之一。但，該怎麼做才能激發他們「自我思考」呢？省思寫作就是最佳法門。

透過寫作，引導孩子強化自己對於曲目的感受、樂器的認識、表演者的

觀點這三重面向的認知，也一次滿足了三項學習任務：體驗藝術之美、認識音樂專業、初探職業型態（音樂表演家）。以下就細細說明這此次寫作活動的脈絡吧！

🎓 溫老師這樣教社會課

過去我們都認為，校園裡的教學應以教科書為主，超出課本範圍的活動是附加的、多餘的，別浪費太多時間在這上面！但若根據現今興起的「核心素養」觀念，學生若只憑著從國語、數學等單一科目學到的能力、知識與態度，不足以因應變化多端的未來。所以，我們應趁著孩子可塑性尚高的階段，盡可能的協助他培養良好的心理素質、表達及探索生涯的能力。以往被視為不務正業的課外活動，恰好能補充正課所欠缺的「素養」養料！尤其是社會科，許多單元的用意就是為了培育孩子在各方面的人文素養。

以這場音樂會為例，孩子不但得以近距離的觀看專業表演、接觸室內樂這種古典音樂的形式，從而增長藝術與美感的涵養，他們也順道實地演練了自己在公開演出的場所該如何當個好觀眾。至於會後的寫作呢？則是讓他們透過回顧與思索，從而拓展思考與表達的能力，也讓他們學會了更有意識的關照生活。以更積極的心態去感受、思考事情的意義，甚至動手做記錄。

順手拈來，音樂會變成「核心素養」的教材

活動結束時，主辦單位南大音樂系發給全班每人一張回饋單，孩子只需在上面的兩個題目勾選自己對這場活動的評價為何，再於下方兩個不算大的欄位裡寫下自己印象最深的表演項目，以及對此次活動的建議。然而，我覺得這份問卷設計簡略了點，孩子只要撇個幾筆就輕鬆了事，因此不會深入的回顧、思考自己對這場活動的感動與感想。

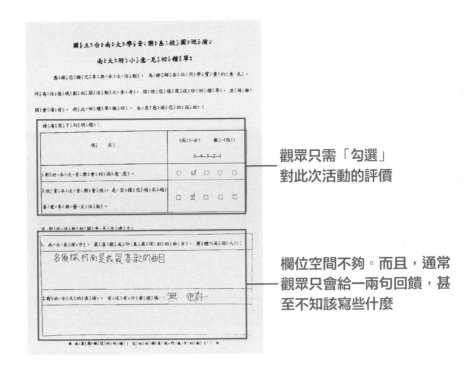

觀眾只需「勾選」對此次活動的評價

欄位空間不夠。而且，通常觀眾只會給一兩句回饋，甚至不知該寫些什麼

STEP 1 ▶ 提供具體提示，讓寫作更深入、生動

有鑑於此，我要求孩子在聽完音樂會之後撰寫一篇心得報告：〈一堂音樂表演課〉。當然，若老師只是丟個題目讓學生自行發揮，乍看之下似乎比較省事，但最後孩子寫出來的作品卻會顯示成效不如預期。所以，我在黑板寫下這三項重點，提供孩子在自我思考的過程中能有效搭建出寫作鷹架。這份寫作提示的內容與考量分列如下：

1. 寫作主題：請針對樂器、表演曲目、表演者這三個部分進行深入分析。
2. 應用「情緒／性格卡」：每種樂器的音色不同，因此能帶給聽者獨特感受，請你用「情緒／性格卡」來界定每種樂器的性格。
3. 應用「觀點卡」：先有觀點，才會有見解。還不熟悉如何自主思考的

孩子，唯有透過觀點卡，才能真正寫出對於這場表演的「建議」，並且藉由不同卡片的內容，全面的從各個角度來剖析「自己」對於這場活動的看法。

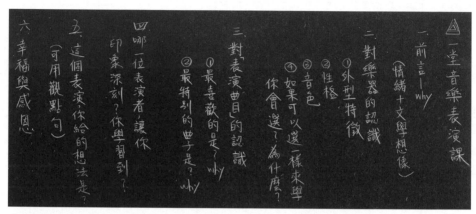

▲ 寫作提示可引導孩子從不同面向去思考下筆所需的材料，因此得逐項仔細說明。

五卡教學，幫孩子搭建「自我思考」的鷹架

我覺得，引入「情緒／性格卡」「觀點卡」的教學設計，能出現意想不到的有趣成果。例如，當孩子透過「情緒／性格卡」來思考時，原本沒啥感覺的人也能憑著自己的主觀印象來詮釋某種樂器的「性格」，並自行去定義該樂器在合奏時所扮演的角色。有位孩子寫下了這樣的描述，字裡行間滿溢著自己從音樂會獲致的感動：

有一些我感到很酷的音樂，像是口琴，它讓我感到很適合隨時都可以吹一下，因為小小的，可以放進口袋，心情不好時，就吹一吹當作情緒舒緩機，它美妙的聲音，自己吹也會感動。

另一位孩子則套用卡片提示的觀點來發散思考，以充滿想像力的口語，表達了對那些在音樂會表演的大哥哥大姊姊的感恩之情。這可要比在回饋單上不帶思索回答的「無」「很好」更具參考價值。

　　我質疑您們已經跟樂器相處多年了，因為您們居然可以把那些音樂演奏出來，甚至了解很多樂器！而且您們把樂器介紹的好清楚，讓我知道鋼琴是樂器之王，雖然我長大後應該不會去音樂系，但我會支持您的，我推斷您們長大後，一定能變成音樂之父／女！

描寫樂器性格，套用情緒卡的範例

> 　　我覺得鋼琴就像一名**果決**的將軍，因為鋼琴可以很**果決**的一次就發出響亮的聲音，也不會拖得很長。但是它的體型很大，不方便攜帶。還有口琴，口琴非常小，可以放在口袋。口琴是一位短小精幹的工程師，可以馬上適應新環境，因為它可以放在主人的口袋裡，跟著主人到處跑。薩克斯風就像一位**穩重、冷靜**的軍師，在面對敵人時，還是可以想出特別的方法，讓敵軍心服口服……

表達自己對樂器的感受與想法，套用觀點卡的範例

> 　　**我認為**這個音樂會非常寶貴。因為**我推測**別的學校沒有。所覺得這比在教室裡辦同學會來的有趣，因為**我相信**聽音樂可以讓心情平靜。**我希望**以後能常聽到好聽的音樂。

STEP 2 利用午休時間，形成寫作的絕佳氛圍

既然聆賞音樂會是課堂之外的活動，我不打算讓後續的寫作占用國語課或社會課，而是利用午休時間來寫這篇文章。在午休時間寫作文，比讓他們帶這項作業回家更有效率，至少有下列三項好處：

1. 充滿動力的寫作氛圍

孩子回家寫作文，好處是時間限制較少，但也少了團體氣氛所激發出的動力。我就察覺到，讓學生在教室裡寫作文，原本興趣缺缺的孩子，會因為看到身旁同學取了一張又一張的稿紙、刷刷刷的不斷動筆，這種專注的氛圍會催促孩子也跟著馬不停蹄的寫。這種氣氛可是回家獨自一人做作業時沒法營造出來的啊！

2. 及時掃除作業的障礙

寫作需要動腦。像這種具有一定難度的作業，讓孩子在學校進行，他一遇到問題就能馬上請教老師，因而進行順暢。若將之指派為回家作業，孩子遇到了困難卻求救無門，自然而然就想放棄。有些孩子甚至還會拿「不會寫」的藉口來躲開寫作業的責任，這讓老師又多了一事待解決。

3. 學會如何妥善運用時間

大部分的小學生都不愛睡午覺。與其逼他們趴在桌面假裝睡覺，實際上卻很痛苦的保持靜止狀態約一個小時，還不如放他們利用這段時間消化一些作業。我甚至以「無功課體驗日」來激勵孩子：「如果你能好好利用這段時間完成作業，自己回家之後就不必做功課囉，可以自由的做自己喜歡的事。」

當然，這種做法也要保留彈性空間：如果孩子寫累了，也可以選擇趴下來午睡。自己的時程該怎麼安排，就讓孩子自己決定吧！但前提得跟孩子溝通好：要保持安靜，也不能做「寫作」與「睡覺」之外的事。

智琪老師的觀課心得

　　沒想到，一場驟然降臨的音樂會，不僅為孩子帶來好奇又興奮的情緒，充滿知性的美感經驗，還有思考、表達能力的增長。當我看到孩子寫出的內容時，覺得這一篇篇語氣天真、想法有趣的作文，成功留住了他們當下的感受與領悟。

　　更重要的是，他們也藉由此次結合音樂會與寫作的活動，學會了用感恩之心來看待為他們表演的大哥哥大姐姐。相信，對表演者來說，這樣的文章絕對是最真摯又寶貴的回饋了！

一堂「call out」的社會課：
電話採訪直擊問題點

課例示範　無相關課例

預計成效　示範「追根究柢」的實驗精神，讓孩子認識社會資源的
　　　　　　　同時也培養採訪與記錄的能力。

社科知識

地理	歷史	心理	經濟	政治	法律	素養
		✓				✓

學習型態

參觀訪問	蒐集資料	筆記整理	欣賞體驗	討論報告	實作練習	調查分析	省思寫作
✓					✓	✓	✓

核心素養

A 自主行動			B 溝通互動			C 社會參與		
A1 身心素質與自我精進	A2 系統思考與解決問題	A3 規劃執行與創新應變	B1 符號運用與溝通表達	B2 科技資訊與媒體素養	B3 藝術涵養與美感素養	C1 道德實踐與公民意識	C2 人際關係與團隊合作	C3 多元文化與國際理解
	✓	✓	✓				✓	✓

學習單 & 課堂歷程下載

✪ 溫老師對社會科教學的想法

「蚊防四寶」「防疫 12 招」「落實通報，你我有責」「通報即時，愛不延遲」「毒品新樣貌，你我要小心」「防制校園霸凌，勇敢說出來」……小學可說是最佳的政府文宣轉運站兼及宣導站，從教育部、環保署、體育署到衛生局，登革熱、學生意外保險或是家庭教育諮詢等議題，凡是你能想到的文宣品，都是老師要經手的雜務。可是，當你看到這樣的資料，會想過打電話去了解嗎？

打電話釐清真相，也是一種學習

以往我們認定的社會課，只是讓孩子跟隨課本內容來學習，老師透過說理或解釋的方式讓學生明白課文內容。可是，若我們再深入思考就會發現：社會課本教的其實並不是那些道理、那些流程；它真正想傳達給孩子的，是「探索生活議題的方法」、是「實際操作」……比如，讓孩子學會如何採訪某個族群、怎麼去進行田野調查、觀察、蒐集資料、製作報告，或是明白讀書方法。

有鑑於此，我這次拉高了社會課的教學層次，以彈性的機會課程取代麻木跟隨課本的教學進度。用這樣的高度去思考，你就會發現生活中能被轉化為社會課的內容是無所不在的！比如，週會的交通安全宣導、登革熱議題、地震，還有新聞時事，你其實可以讓孩子運用訪問、收集資料、調查等不同方法，去探索這些跟他們生活密切相關的事物。這樣子，社會課才能真正與真實生活接軌！

所以，當學校又發下一張印著「全國家庭教育諮詢專線，412-8185」的宣導貼紙時，我真的就在社會課堂上，徵詢全班同意之後，就用手機「給」他打過去啦！猜猜看，會發生什麼事？

溫老師這樣教社會課

之所以會想上這樣的課，是因為我自己也不熟悉這項社會資源，覺得其他人可能也會抱持相同質疑：「這會不會是詐騙啊？」既然有疑問，那不如就打電話過去問一問吧，也讓接電話的人員為孩子來一場機會教育——這絕對是最容易讓他們理解該項資源的方式了！此外，因為是透過「打電話」的方式去「請教」對方，我也想趁機讓孩子清楚那些關於打電話或向他人請教時的基本禮貌，進而增強社交技巧。

孩子大概是從沒遇過這樣的社會課，一聽到我的決定全都雀躍不已。以下是此次教學的步驟。

STEP 1▶ 直探問題點的電話採訪

為求有效溝通，事前做了暖身練習，通話時並由我先向對方說明來意。

1. 請學生先準備要請教的問題

首先，我請孩子思考自己想請教對方哪些問題，並寫在小白板上。接著，我請他們發表自己的問題清單，將每個孩子提供的內容加以分類之後就彙整在黑板上。最後，按照分類，請孩子們推派代表，每一類推舉一位同學在進行電話採訪時出面代大家發問。

2. 老師示範講電話的基本禮儀

我將手機通話功能設定成擴音，以便全班都能聽到對方的回答。按下064128185 的號碼之後，電話響沒三聲就有位老先生接聽：「臺南家庭教育中心您好，我是志工○○○，很高興為您服務。」「○○先生您好，我是南大附小的老師溫美玉。是這樣的，我們今天接到一張『全國家庭教育諮詢專線』的宣導貼紙，想跟學生一起向您請教。」由我起頭與接電話的志工說明來歷，這個過程，順便也為孩子示範了如何有禮貌的通電話或進行一場採訪。

3. 開放學生提問

說明來歷之後，我才讓孩子依序提出問題。「請問，誰可以打這支電話？」「請問，什麼時間打電話過去會有人接聽？」「請問，打電話過去可以獲得哪些幫助？」……接電話的志工爺爺非常有耐心又熱情的回應孩子。

透過實際追尋答案的方法，孩子才能真正理解這張宣導貼紙的用意。如果老師沒有帶領大家探索、認識該專線的功用，孩子就無法理解這張貼紙到底在宣導些什麼。即使帶回家給家長，對方也可能毫不在意，直接就扔進垃圾桶了。如此一來，公部門花了心思與預算製作、透過各級學校發下的文宣品也頓時失去了意義。

我覺得，要讓這類的社會資源被看見、要讓家長或孩子知道他們在某些情況時可以尋求什麼管道獲得救助，就必須帶孩子理解這些單位。

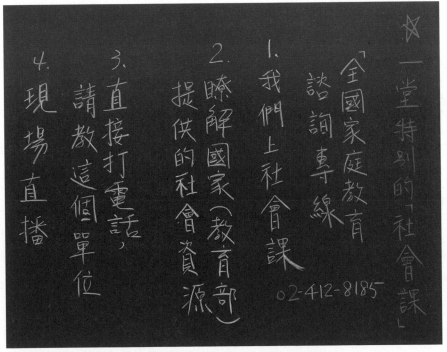

▲ 在暖身練習之前就先將這次活動的要點寫在黑板上，供孩子隨時參考。

主動打電話請教對方，展開了獨特的採訪教學，也讓學生看到這項資源可以如何被運用。接下來就要讓孩子來「反饋」了。

反饋的方式就是寫作！我請孩子化身為「宣導小尖兵」，藉由文字來告訴其他人志工爺爺說了些什麼？自己對這次特別的課程有什麼想法？用實際例子來說明該單位的八項服務內容⋯⋯除此，還要再用漫畫形式來讓其他人更了解上述的八項服務內容。

我認為，只有採訪實作還不夠，必須做到寫作與繪圖的反饋，這門課才是真正的獲得完整且充滿意義。

📖 智琪老師的觀課心得

在溫老師帶的班級觀課這麼久，一直令我驚奇與欽佩的是，她的教學永遠都不受框架束縛，隨時都可能會因事因時因地而變化。

不被科目綁架的教室

雖然溫老師未必會照著課本來上，但她的教學卻能帶出了比課文更深奧的道理、並且強化了比課本更貼近生活的題材。像這次的電話採訪教學，就是很經典的例子！

很多老師可能為了趕課而擔心：「課本都上不完了，哪還有時間做其他課外活動？」但對溫老師來說，我們並不需要執著在一頁一頁帶學生看教科書內容的制式方式。她認為，教學最終的目的應該是要讓孩子得到一生受用的能力──可能是對人生的思考、也可能是筆記技巧、做事方法或是態度、解決問題的能力。至於科目的差異，只不過是頭銜與名稱的不同，所有課程

內容在背後要帶給孩子的，其實是相同的理念與精神。

言傳身教的終生學習

　　溫老師循著這樣的理念，多年來在教學之路筆直的前進。她在教學態度上也是數十年如一日的認真，每次教學都不是沾醬油式的「有做就好」，而是「一旦做了就要做到最好」。這樣的態度不僅潛移默化了孩子，也帶給我不一樣的啟發。相信，孩子們（也包括我）不只可以學會溫老師教授的內容，也可以從她做人做事的態度去反思、調整自己的步伐，進而得以更沉穩、有自信的在學業或專業的道路勇往前進。

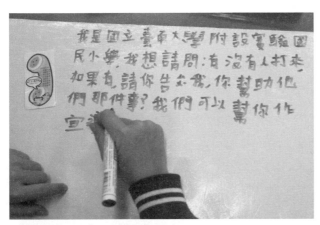

▲ 事先在小白板寫出待會要跟對方溝通的內容，可避免臨場緊張的問題。

▲ 一張小貼紙，可讓我們認識一項社會資源，也可藉此提高了察覺並探索身邊事物的能力。

一堂特別的社會課：電話採訪與教學

（摘自三己學生日記）

今天的社會課，剛好學校發下一張「全國家庭教育諮詢專線」的小貼紙，溫老師非常好奇這是不是詐騙集團的電話，就想趁機來確認並且變成一堂課。如果不是，那就剛好來了解這個單位到底可以幫助我們做什麼呢？所以有問題就直接請教志工們，這樣我們才能幫「全國家庭教育」這個單位來做宣導。為了要迎接「call out」，溫老師說我們要先準備好要問的題目，所以，我們就先在小白板上寫好想問的問題，接著就是看看全班的問題有哪幾類，每一類派一個同學出來代表發問。

首先，我們先請溫老師幫我們打電話，溫老師按了好幾次轉接之後，終於聽到「真」人的聲音了。接著老師很有禮貌的問候，而且告訴他我們想做的事情，我們從電話中聽到對方，應該是爺爺（因為聲音有點老老的，但是他說不能告訴我們他是誰），他說他很樂意接受我們的訪問唷！

我們一共問了四個問題，第一個是：為什麼要設置這個單位？志工爺爺說：我們要幫忙有困難的孩子們呀，或者大人。

第二個問題是：有沒有人打過？如果有，請您告訴我您幫助他們什麼？志工爺爺說：有啊！一天五到六通，我們會幫助他們自己覺得不知該如何解決的事情。如：有一位小朋友被霸凌，讓他不想來學校，但他不知道該如何解決，他就會打給我們，讓我們來替他想辦法。這時他也會覺得很舒服。

第三個是：有沒有覺得很困難的地方？怎麼解決？結果志工爺爺還答錯問題，幸好他最後回答：當然有遇到困難，不過我們也有克服，我們會去查資料。

第四個小朋友問：什麼是家庭資源？可以提供什麼協助？志工爺爺回答：

家庭資源就是針對不同對象辦理各類家庭教育活動，如：針對祖孫辦理代溝家庭活動。我覺得這堂課特別在，其他老師都不會真的打電話，可是溫老師卻做了，其實我一點也不意外，因為溫老師每一天都會給我們新的驚喜。

我現在要來當「宣導小尖兵」來跟你解釋，如果你家有出現以下這八項事情，就可以打這支電話。

第一項「夫妻相處」，就是你的爸爸媽媽有沒有相親相愛，或是吵架鬧到離婚，影響到小孩子，或者有暴力傾向，這些都是。

第二項「婆媳相處」，有可能你的婆婆（老公的媽媽）對妳很壞，哪裡壞？壞在她在妳老公面前對妳很好，可是私底下對妳很壞。也有可能相反，是媳婦對婆婆很壞，打他、踢他，送去安養院。

第三項「親子溝通」，就是媽媽與孩子的溝通，可能媽媽很壞，可是小孩子不敢反抗，怕會被打，這個時候也可以撥這支電話。

第四項「子女教養」，可能媽媽在教小孩的時候，阿公一直說：「沒關係，不要對小孩太嚴厲。」可是這樣會影響爸、媽教小孩的原則，這時你也可以請教他們。

第五項「婚前交往」，就是交往時可能你男朋友找小三，被你發現了，這個時候你也可以求救。最後，我想提醒你一句話：「真愛是值得等待的！」

第六項「情緒調適」，是說你的情緒要調適，尤其在生氣時，不可以對別人發脾氣；或者難過時也要調適過來。

第七項「家庭資源」，就是一個家庭，有不同的人辦理各類教育活動。

第八項「生活適應」，就是女子剛從家裡嫁過去，可能會有點不適應，這時，你也可以打「02412-8185」來幫助你，適應這個環境。

3-3

教孩子享受社區改造的美
—— 觀察力的培養

課例示範　翰林版四下《社會》第四單元「鄉親的生活」、六上《社會》第二單元「關心居住的大地」與第六單元「福爾摩沙我的家」；南一版六上《國語》第六課「藝術公園」

預計成效　能用藝術家的細膩觀察力，面對生活周遭環境的變化，並從中發掘環境的美感與價值。

社科知識

地理	歷史	心理	經濟	政治	法律	素養
		✓				✓

學習型態

參觀訪問	蒐集資料	筆記整理	欣賞體驗	討論報告	實作練習	調查分析	省思寫作
	✓	✓	✓			✓	✓

核心素養

A 自主行動			B 溝通互動			C 社會參與		
A1 身心素質與自我精進	**A2** 系統思考與解決問題	**A3** 規劃執行與創新應變	**B1** 符號運用與溝通表達	**B2** 科技資訊與媒體素養	**B3** 藝術涵養與美感素養	**C1** 道德實踐與公民意識	**C2** 人際關係與團隊合作	**C3** 多元文化與國際理解
				✓	✓	✓		

學習單 & 課堂歷程下載

✪ 溫老師對社會科教學的想法

美學大師蔣勳在《天地有大美》曾說：「我們要強調的美，並不只是匆忙地去趕藝術的集會，而是能夠給自己一個靜下來反省自我感受的空間。你的眼睛、你的耳朵，你的視覺、你的聽覺，可以聽到美的東西、可以看到美的東西，甚至你做一道菜可以品嚐到美的滋味，這才是生活美學。」生活中的美無所不在，但卻需要一顆澄靜的心。

社會課程有個很重要的課題：要孩子能學習關心區域發展。這裡所謂的「關心」，應該也包含「欣賞」的成分。因為，看著周遭生活環境的改變，你也要懂得欣賞與享受、改變心情，進而激發更豐富的創造力。

台南古城之美在台灣是獨樹一幟的。這幾年，古蹟依舊，周遭環境卻變得乾淨許多！自從實施垃圾不落地政策，就再也沒有人亂丟垃圾了；公家的圍牆全都被拆除，空間頓時明亮、開闊；公共戶外空間都安裝照明設備，府城的夜間因而更為溫馨、明亮……林林總總的改變，只要你稍微留意，必能感受到這些進步。

可是，我們真的有用心去體會、享受這些改善嗎？答案是否定的。許多人鎮日忙碌不已，鮮少慢下腳步去領略周遭環境。尤其是用汽機車代步的人，對生活環境的感受就像呼嘯而過的風，一溜煙就不見了。沒有回眸也沒有交集，我們就這樣日復一日的失去了感受能力。所以，我決定給孩子一個機會走出教室，去認識我們生活的這個都市。

☄ 溫老師這樣教社會課

臺南市政府於 2004 年起推動「好望角計畫」，陸陸續續在市區設置約兩百座「好望角」。班上的孩子也親眼目睹了這些發生在自己生活周遭的變

化。像是在南大附小的校園外圍便搭建了木棧道，又在樹下設置可供休憩的大理石椅子，椅子還刻寫了南大附小的歷史。原本平淡無奇的校園周遭，頓時有了悠閒放鬆的氛圍。

孩子在這裡畢竟待了近六年，親眼見證這樣的劇變，我認為這正好是讓他們實踐六上社會課本第二單元「關心居住的大地」的絕佳機會！

來一場都會裡的微型探險：發現「好望角」

經過美化的台南市區，處處像個迷你公園，也加入了過往所所沒有的美感。例如，請藝術家或社區規劃師結合文學、在地歷史、藝術等元素來重塑空間。若仔細觀察的話，你就會發現，這些可真是最有深度的裝置藝術！所以，我又結合了國語課本〈 藝術公園 〉這課的意旨，讓孩子直接從身邊案例來印證課文傳遞的道理。一次學習橫跨國語、社會這兩科，豈不美妙？

STEP 1 了解何謂「好望角計畫」

我先找出報導與官方釋出的文字資料，跟孩子簡述什麼是「好望角計畫」，並舉出幾個在我們學校附近的「好望角」。其中最為孩子最熟悉的點，就在南大附小泊車彎附近的樹林街。附近還有南大附小另一側的法華街、中山國中、台南女中古城牆周圍等定點。當然，目前還有許多地方仍在或即將被改造成「好望角」。

STEP 2 來場「走訪好望角」活動

我希望孩子在一周內，利用課餘時間至少探訪 3 至 4 個好望角，並在假日與同學或家人相約，帶著相機或紙筆，紀錄這些好望角造景裡與藝文相關的元素（比如，雕塑或是詩文內容），甚至簡單畫出這些好望角的特色。當然，也可以拍下這個造景在不同時段的樣貌。比如，白天的景觀跟夜間

打燈時會有怎樣的不同感受？不要求什麼，只希望他們停留下來細細咀嚼，找出藝術品背後的玄機與精妙之處。

由於班上孩子並非每一位都住在學區裡，我請他們在一週內抽出時間拜訪台南市區的「好望角」，駐足停留並細細品味。想必，在秋高氣爽的日子進行這項任務會更有感覺！這麼一來，孩子就能深刻體會國語課南一版六上第六課〈藝術公園〉的作者描述自己遊逛公園時，像是如此尋常的舉動為何也能萌發那些頗具新意的感受。

當然囉，走訪好望角的時候不僅要試著打開五官、讓身旁景物與自己互動，孩子還可以去野餐，可以去讀書，當然也可以純粹去做白日夢——或者看人。總之，這場活動的目的，就是要孩子去學習如何放慢生活步調，好好欣賞享受「好望角」。我也期盼孩子能關心周圍環境的改變，進而體會「慢活」的真義。

基於安全考量，這樣的課後活動最好能讓家長當「司機兼保鑣兼跟屁蟲」。由家長親自帶孩子往返，不但能降低安全疑慮，家長也可與孩子來趟親子之旅，一起享受、欣賞環境經過改造之後的美好。

STEP 3 ▶ 查出「好望角計畫」的由來

接下來，我請孩子從報紙、網路等資料來源，查找「好望角計畫」的實行目的。這個步驟除了讓他們具體了解這項都市計劃，也訓練他們自主查詢、篩選相關資訊的能力。

由於孩子已是六年級學生了，以前的電腦課已指導過如何查詢資料；因此，上網查資料對孩子來說不成問題。至於平面報導，我引導他們到各地圖書館的閱覽區，從各家報紙的地方新聞版，就能找出更多相關資訊或更新的訊息。他們可在圖書館列印或影印報紙上的報導，並將自己知道的新資訊，融入最後要完成的省思寫作。

這次的探查反映了孩子積極與投入的程度。他們不僅花心力去拜訪台南市區的各個好望角，還會挑選早晚不同時段拍下這個空間的不同感覺。孩子對於自己能跟朋友一起走訪市區的任務大感興趣；看到原本平凡又髒亂的空地變身成舒適又自在的休憩場所，也不得不感佩參與改造的人們。突然間，他們對台南這塊土地、以及在這塊土地上默默付出的人們湧出一股親近感，也因此養成了走過任何地方都會停下來靜靜觀察的能力。

孩子如此有感，不記錄下來便太可惜了！我請他們在走訪完好望角之後，回顧探訪各點的全部歷程。寫作提示如下：

1. 請簡述「好望角計畫」是什麼？（從老師講解、查詢到的網路資料或報導內容中，摘錄重點並加以說明，讓讀者能輕易看懂並理解）
2. 請介紹台南至少 3 個好望角的地點，並仔細描述那裡改造前改造後的樣貌變化、特色、藝術型態（雕塑、浮雕、畫作、文學作品……）及它的內容細節、你看到時的情緒＋理由（參考情緒列表）。
3. 你對改造前和改造後台南市區的看法有什麼改變？若有外地朋友要來台南，你會如何跟他形容最後的台南？
4. 寫下你參訪的總心得（過程還做了什麼附加活動？過程中的情緒是？）

智琪老師的觀課心得

生活中有許多巧思，卻往往在我們匆匆而過、心不在焉的狀況下，就悄然而過，未曾在我們腦海留下雪泥鴻爪。 我自己就有過這樣的經驗。比如，在走路的時候走神，或是邊走邊忙著跟朋友聊天，根本不曉得自己錯過了哪

些值得佇足觀賞的樹木或雕塑品。也因為這樣，我們常常錯失了生活中許多微小卻美好的事物。

換個心眼，感受大不同

有一次我試著改變，當走在路上時，就開始留意自己走過的騎樓風景：這裡有多少人經過？有哪些我從沒注意過的店家？同時，我也感受到陣陣冷風吹在肌膚上的感受，還有自己因步行而漸漸暖起來的身體。那次的體驗讓我印象很深刻，我第一次覺得如此舒適暢快，而且，一個人走路根本就不無聊，反而更能看到好多好多以前從未曾注意到的驚喜！

我猜，這趟學習對孩子來說，他們的感受一定也跟我一樣！這種可以從既有環境中發掘到驚喜的體驗，讓他們雀躍又大呼好充實。

處處有美好，就看有心或無心

以前我聽到「美感藝術素養」這名詞，總是聯想到歌劇、後現代藝術、古典樂之類既高雅又不通俗的藝術形態。但經由這次教學，我發現：美感並不是只接觸各種藝術形式而已，而是要在任何時候都能用心體會、靜心觀察，少了「心」這個要素，接觸再多藝術都沒有用呀！相反的，就算沒有接觸很多資源，我們還是能從觀察微小事物的過程中尋到美。所以，帶領孩子學習主動去留心身旁的人事物，這才是培養美學素養最重要的事！

在高年級課業繁重的時刻，一次跨科不僅省時，還能讓兩科都學得既有深度又很有效率！

3-4

大台南走透透 Part 1：老師帶隊社區探訪

課例示範　翰林版三下社會第一單元「我們居住的地方」；康軒版三下《社會》第一單元「家鄉的生活」、第二單元「家鄉的活動」、第三單元「家鄉的消費與生活」

預計成效　由老師帶領孩子參訪學校附近的社區，並訓練他們站在第一線，培養如何探訪、做筆記，以及了解家鄉的能力。

社科知識

地理	歷史	心理	經濟	政治	法律	素養
✓	✓		✓			✓

學習型態

參觀訪問	蒐集資料	筆記整理	欣賞體驗	討論報告	實作練習	調查分析	省思寫作
✓		✓	✓		✓	✓	✓

核心素養

A 自主行動			B 溝通互動			C 社會參與		
A1 身心素質與自我精進	A2 系統思考與解決問題	A3 規劃執行與創新應變	B1 符號運用與溝通表達	B2 科技資訊與媒體素養	B3 藝術涵養與美感素養	C1 道德實踐與公民意識	C2 人際關係與團隊合作	C3 多元文化與國際理解
		✓	✓				✓	

學習單 & 課堂歷程下載

✪ 溫老師對社會科教學的想法

每到了「認識社區（家鄉）」的單元，很多老師總是暗自苦惱：班上孩子都來自不同的區里，這樣的課程該如何安排全班共同作業呢？若要讓孩子訪問自家所在的社區，就得麻煩家長利用假日帶他們去完成。在這種情況下，老師根本不敢指派難度較高的任務，免得家長反彈。

可是，像「社區」這樣的課題，若只靠著口頭講解與板書，沒有實際去走走瞧瞧，孩子絕對很難將課本概念與實際生活場域有所聯想。但，我們千萬別忘了，社會課程的宗旨就是「讓孩子學習觀察、認識他（她）與周遭人事物的關係」。所以，課綱提到的每一種能力與方法，都是要幫助孩子去增進自己融入社會的技巧，並且要學會如何操作、運用這些技巧。

我們每天在社區裡都會經過不少像公園、學校或圖書館之類的公家機構，若無留意，你很難覺知到：這些環境與資源並非理所當然，而是許多人或組織同心協力的結果。例如：社區公園內的花圃如果要維持美麗與生機，就必須靠里長、巡守隊志工每天澆花維護。

很多巡守隊員也會協助學校照看學生的安全。若老師只是讓學生看看課本提到社區「可能擁有」的全部資源，或是帶孩子唸一下社區有哪些功能、自治組織有哪些種類，之後就草草了結這個單元，絕不可能達到此目的。相反的，實際走入社區才是扭轉情勢的起點，看看社區的組織運作、聽聽社區的故事，才能慢慢醞釀出真正的情感。孩子對自身所在的社區、家鄉有更敏銳的覺知，進而產生歸屬感。

此外，「探索」本身就是一個需要不斷嘗試、練習的活動。譬如，採訪的發問技巧、禮貌、勇氣、做筆記的方法，都不是讀課本就能擁有的能力。社會課，正好創造了讓孩子「荷槍實戰」的機會，師長怎麼能不好好的把握呢？就來看看該如何讓「家鄉」主題如何既培養愛鄉情懷，也堆疊出「探索」能力吧！

溫老師這樣教社會課

要讓孩子「走出去」，就必須循序漸進的建置相關能力。為此，我設計了一系列名為「大台南走透透」的教學活動。

原則一：循序漸進，加強挑戰難度

這次教學上最困難的地方就是，要藉由訪問的方式，讓孩子深度融入當地風土民情——這才是讓人能真正認識一個地方的最佳方式！我不要求孩子第一次便能做好訪問，但我會隨著進度推演而逐漸提高任務的難度。

一開始，我讓全班學生一起訪問里長，以減緩孩子心理上的壓力。後來才讓他們試著獨立進行陌生拜訪、自己做訪問。多嘗試幾次，孩子就能逐漸擺脫膽怯，以及恐懼被拒絕的負面情緒。

原則二：範圍從小到大，地點從近到遠

我們探索的對象，從孩子每天上下學都會行經的街坊巷弄開始，慢慢延展到範圍更大的都市。孩子就從自己最熟悉的郡王里開始認識台南市區，等具備相關能力之後，才遠征大台南地區其它還不曾踏足的鄉鎮。

一、入門版：認識社區，「全班一起」訪問里長

先由老師帶領班上的學生參訪附近鄰里，建立孩子三項能力：提出好問題、訪問技巧和敢開口發問的勇氣。

1. 全班共同訪問：訪問里長

首先，我向孩子預告要去拜訪社區。由於我們班上的孩子住在不同鄰里，而這場學習的重點並不在地點，而是要讓孩子從中學到「探索社區」的能力。因此，我就選了最靠近學校的郡王里。同時我還告訴他們，要以「訪問社區專家」的方式來探索地方。所謂的「社區專家」，就是里長囉！

在進行校外教學之前，我們先在教室做一番基礎訓練。從討論採訪大綱，到揣摩受訪對象的性格為止，還包括了提醒學生在當日需攜帶哪些文具，以及，幫他們建立好跟人打交道的心理建設與基本禮儀。

1. 討論採訪問題

老師協助引導並修正，讓全班共同討論，最後並擬定適當的採訪問題清單。我提醒他們，採訪時要避免提出「封閉式」的問題，也就是受訪者只需回答是或否的問法。還有，問題內容不可偏離「社區」相關議題或「里長」職責的範圍。以下舉幾則由全班共同擬出的問題。

- 人文地理環境類：郡王里的範圍有多少？（哪幾條路圍起來的）
- 里長個人生涯類：里長每天都在做些什麼事？
- 社區事務介紹類：如果郡王里內的公物毀壞了，要怎麼處理？

2. 確立訪問態度

我問大家「里長就站在你面前了，你要如何問他問題？」這時，話題就導入社交方面的基本禮儀：訪問別人時要態度良好！什麼是好的態度？一開始要打招呼，每次發問時都要在前面加上「請問」兩字。對方回答完了也要記得道謝。

3. 準備社區地圖

接著，我為每個孩子都準備一張社區地圖。地圖只標示道路與重要地標的名稱。到了採訪現場時，就隨手在地圖記下：里長帶你看了哪幾處？自己又額外探訪了哪些地方？

4. 進行預測

就像我平時請孩子預測國語課的課文一樣，預測能加深孩子對這項議題的印象，也提高他們對學習內容的好奇心。

「猜猜這次我們要採訪的里長伯長怎樣？他擔任里長，這項職務需要擁有的性格是什麼？」我請孩子發揮想像力，將上述圖像畫在小白板，人物圖像的旁邊並用文字描述當里長應具備的一些人格特質。

5. 備妥用具

到外面採訪，要帶的文具與資料可不能遺漏！我請孩子對此發表意見。最後統整當天應帶的用具有：全班一起發想的提問清單、老師設計的筆記單、文件夾板、筆。

▲ 為便於參訪時可以隨手紀錄事物的位置，老師先準備空白地圖並於上標出路名。此為某學生親自手繪的社區地圖。

6. 採訪清單

最後，每個人發下提問筆記單，以便他們在現場可以迅速的摘錄訪談重點。這張 A3 紙的正面列出孩子集思廣益想到的問題清單。另有兩個空白欄位供他們在現場寫入資訊。

反面則是回到教室之後要填寫的心得感想，以及清點這次出征的戰果——意即，彙整這次訪談的要點。

範例：提問筆記單正面

提問問題	採訪摘要
地理環境與人文 1. 郡王里有多少人？ 2. 郡王里的範圍有多少？ 3. 郡王里內有什麼特別的景點？ 4. 郡王里內有什麼著名的小吃？ **個人生涯** 5. 為什麼想當里長這個職務？需要有什麼樣的特質？ ⋮ 12. 對郡王里的里民有什麼期待？ 13. 這次 26 地震，里內有沒有什麼災情，怎麼解決？ 14. 這間里民活動中心是什麼時候興建的？	
速記框	

範例：提問筆記單反面

事後筆記整理	訪問里長心得

STEP 2 ▶ **參訪活動的現在進行式**

這場校外教學，主要由我帶隊，我們第一站先到郡王里的活動中心聽取簡報，再由楊里長帶領大家走訪社區各角落。由於採訪會牽涉到「表達」和「人際關係」這兩種面向的能力，因此，出門之前，我特地再次重申態度的重要性。

1. 出發前，確實建立「參訪態度」的共識

「離開校園，如何讓自己安全又效率的完成任務？要如何有禮貌的問里長問題？」這時，我借助「性格卡」與「行動卡」，請孩子找出那些能讓自己更有效率吸收知識、或是讓老師能夠安心帶領全班離開校園的「正向性格」。例如，在「參訪行為」方面，孩子選出的合宜行為包含專注、獨立、穩重、冷靜、自制、洞察……在「訪問態度」上，則有專注、自信、大方、好問、省思、挑戰、求助等等。

我出門的時候也隨身攜帶這兩種卡片。倘若孩子在參訪過程有任何言行失當的行為，我就可立即拿出對應的卡片。此時，這些卡片就成了「緊箍咒」，在孩子過 high 的時候用卡片提醒對方：「該收心了」。因為事前師生雙方已在教室達成共識，討論過哪些行為是恰當的、哪些則不妥；因此，卡片「緊箍咒」對孩子具有一定的約束力。

2. 正式出發，在現場確實做好訪談

行前，我已經與受訪的里長約好時間，全班一起先到社區活動中心與里長初次接觸並且展開訪談。當里長在台上做講解的時候，台下的學生也努力地摘錄聽講要點。

聽了里長的回答，孩子才了解：原來，里長要負責的工作很多，工作項目還包含了調解糾紛。此外，社區內還有其他成員默默付出，像是社區巡守隊協助安全與整潔、公共器材的保養……這些也都需由里長規劃並且出面分配人力。

接著，就讓里長這位「社區專家」帶我們繞一圈，實地了解郡王里的環境與設施。此時也要讓孩子主動提問並自行速記重點。

3. 事後統整重點，並為這場活動下評語

回到學校之後，我請孩子把先前在採訪現場記下的速記內容，重新整理成清晰易懂的筆記。而且還要寫下 ❶ 他「自己」從事前到當天的表現與學

習、❷對「里長」職務的看法（適合的性格）、❸對「社區」的發現。

此時，可借助「觀點句型」作為參考鷹架，以便孩子撰寫心得。例如，套用「我認為……，因為……」這個觀點句型，孩子可以寫出這樣的作文：

我認為里長必須擁有「熱心」的特質，因為他們要隨時注意有沒有里民遇到困難，還要盡力幫助他們，如果不熱心的話，可能會覺得這份工作很累。

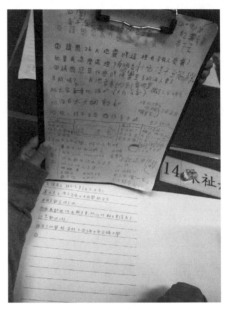

這種「筆記」訓練了孩子如何重新組織里長提供的口頭資訊，並將之化為文字的能力。寫「心得」，則幫助他們解讀此次活動的收穫及個人感想，為這次課程畫下圓滿的句點。

▲ 在現場努力寫下的速記筆記，成為活動結束後最佳的寫作參考。

教學眉角

1. 全班一起訪問，最小化困難度，降低孩子第一次訪問時羞怯生澀，不敢開口的可能性。

2. 了解社區的總體建設，領悟社區裡的環境與資源並不是理所當然就擁有的，是許多人在默默付出後的成果。

二、進階版：探訪百業，「組隊各自」訪問商家

上一階段的教學重點側重在認識地方／社區。接下來的這階段活動，則要求孩子自行組隊訪問社區內的店家。

採訪對象從里長伯變成里內的各種商家，議題也從單一人物與社區環境，跨到職業跟社區內居民生活方式。一次滿足「職業教育」「採訪學習」「訓練如何獨當一面」「統整筆記的技巧」這四大利多！

STEP 1 事前準備

這次雖也是把全班帶至社區，但我讓孩子分成三組，每一隊由一位老師帶領（此次出動了三位老師，除了我跟智琪老師，還有一位實習老師），各自訪問社區中各種職業的人（主要以生意人為主）。

1. 擬定訪問稿、準備筆記板和紙筆

基本上，事前準備的物品跟採訪里長那次的一樣。

2. 練習自我介紹

上次採訪里長，是由老師事先約好，對方早已有心理準備的。而這次採訪店家，並沒有事前知會對方。也就是說，這是陌生拜訪！孩子打開店家的門時，要想辦法向商家說明自己的來歷與訪問目的。因此，我在課堂花了一些時間，讓孩子練習開場白，如何向對方介紹自己的來歷、跟對方提出採訪的請求。

3. 為「被拒」打預防針

我提醒孩子，「可千萬不能理所當然的認為店家必須接受訪問！」並帶領全班思考店家可能會拒絕採訪的原因：「可能是生意太好、正在忙碌；或是他們真的不願意透漏……不管理由為何，我們都要禮貌應對。比如講『沒關係，不好意思打擾到你們』之類的客套話。」

4. 事前繪製「感謝卡」

最後一個行前動作，也是此次採訪最特別、最溫馨的一點：我請孩子自己製作卡片，傳達對受訪者的感謝。

▲ 現贈送受訪店家感謝卡，是禮貌與感恩心態的雙重展現。

STEP 2 當天採訪，任由三隊學生大顯神通

孩子兵分三路，由三位老師各自帶領他們去採訪。在採訪的過程中，老師不能介入，只能在一旁拍照記錄。讓孩子自己選擇店家、踏入門口、說明來歷，種種過程皆需要勇氣與禮貌。

STEP 3 事後：紀錄回饋與省思

這次也讓孩子事後彙整自己在採訪現場做的筆記。沒想到，大部分孩子的心得多半跟「如何做生意」「為客人服務的態度」等有關。太好了，接下來學校要舉行園遊會，孩子們此時學到的知識，正好應用到園遊會那天班級擺攤的這件事。

此外，我也讓孩子進行思考表白，將他們遺漏未思考的的部分再進行反思，為自己這次學習做更一個更完整的總結。引導問題如下：

❶ 你觀察到學校有哪些類型的商店？為什麼？
❷ 你覺得在這附近開什麼樣的商店最好？為什麼？
❸ 你有沒有發現這些商店的擺設？裝潢？
❹ 關於訪問，你自己的情緒或態度如何？（具體描述＋文學想像）
❺ 你給自己這次的任務打幾分？為什麼？

當孩子在回答這些問題的時候，會自然而然的回顧更多細節，也順勢回頭反省自己在當下的表現。進而把成長的焦點又回歸到自己身上，進行一系列的自我評估。完成這個階段之後，課程也劃下了完美的句點。

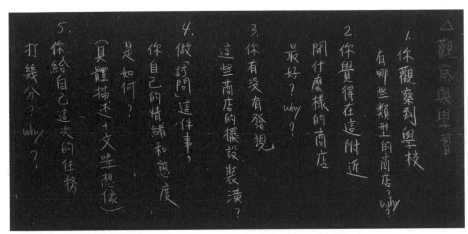

▲ 藉由板書與集體討論的方式，引導孩子去思考一些他們可能遺漏的重點。

📖 智琪老師的觀課心得

社會課程教材的選用，應該以貼近學生生活經驗為原則。此次的採訪郡王里里長與走訪的過程，即達到這樣的條件！

與生活結合的社會課，建構真實能力

一連串訪問活動，讓孩子參觀社區裡的建設、資源，進而獲得更多在地知識；訪問過程中還學習如何表達想法並且快速紀錄的技巧；事後分類、歸納重點並將之轉換成文章，同時展現了整理、詮釋筆記的技巧……這樣的教學，緊扣孩子的日常生活，又飽滿了他們的能力學習！

我自己也是第一次接觸這樣的課程。以前從沒想過，一個里需要那麼多

的組織與人力來維繫。也感受到了，社區原來跟我們如此貼近，它不再只是課本裡的定義、不再只是有名無實的一個空殼！

溫老師從以前就不斷告訴我，「社會課的學習目的是要去帶領孩子建構能力，學習『了解社會』及與周遭生活連結的方法，因此它必須密切的與孩子們的生活結合，伴隨著體驗與嘗試，才能讓學生真正『有所學』！」而這次的課程正巧達到了上述的全部標準。我想，這堂課對孩子們而言，必定是獨特且久久難忘的一趟體會之旅！

最真實的第一手職業教育

藉由直接接觸、訪問里長及商店老闆，孩子能以最真實的方式認識這兩種職業。不僅理解工作內容，還能聽到不同人對工作的價值觀和熱情所在。

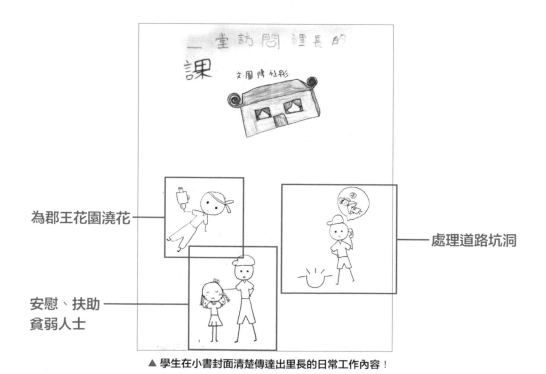

為郡王花園澆花

安慰、扶助
貧弱人士

處理道路坑洞

▲ 學生在小書封面清楚傳達出里長的日常工作內容！

現階段的孩子，他扮演的人生角色還很單純（基本上就是學生），因此較難體會各行各業的甘苦，頂多只能看到表象。看到店家老闆，以為他們只要東西煮一煮，放到客人桌上就好。

藉由訪問，他們可以隱約知道，煮飯背後還要衡量成本、設計菜單、採購食材、服務態度等要素需要兼顧。透過更全面的認識，也可讓孩子學習尊重各職業，並將看事情的眼光放到不同領域。

給孩子最衝擊、寫實的社會歷練

當採訪店家時，我看到有的孩子顯得靦腆羞澀，有的則侃侃而談，但每位孩子都不忘要有禮貌的介紹自己，採訪完畢之後也會謝謝受訪者並遞上自己做的感謝卡。當老闆在回答問題時，孩子也都專注的做筆記（有時筆記寫太久，店家老闆還很有耐心的等他們寫完）。總之，不管是什麼個性的孩子，都克服自己的膽怯去發問，因此每個孩子都有收穫。

當然，碰釘子也是每個人都有的共同經驗。當孩子遇到被店家拒絕訪問時，溫老師的「打預防針」策略就浮現效果了！孩子還是有禮的謝謝店家才離開，沒有顯露任何怨懟或不滿。我認為，這對孩子而言是最真實的失敗體驗教育。在這樣的年紀就發覺人生無法時時順利的事實，是一種福氣。因為孩子先前已練習過如何換位思考，就不會在別人未依照自己意思行事時，就責怪對方。

因為溫老師設定每一隊都要訪問兩間不同性質的店家。例如，賣衣服的和賣吃的。你不能採訪到兩家全都是賣吃的。所以，每組孩子都至少訪問了兩間店家，有的孩子問得津津有味，後來忍不住又問了更多家店。

最後，溫老師帶著認真達成採訪任務的「小記者」們到杏仁豆腐冰店吃冰。每個孩子嚐到自己努力換來的冰冰涼涼又甜美可口的滋味，各個歡喜至極。就這樣，我們結束了一堂美好的校外訪問課。

大台南走透透 Part 2：學生自行組隊探索

課例示範　康軒版四上《社會》第二單元「家鄉巡禮」；翰林版四上社會第一單元「認識我的家鄉」

預計成效　學習如何規畫行程、深度探訪地方。從事先蒐集資料到事後歸納、整理，讓孩子對家鄉更有感覺！

社科知識

地理	歷史	心理	經濟	政治	法律	素養
✓	✓					✓

學習型態

參觀訪問	蒐集資料	筆記整理	欣賞體驗	討論報告	實作練習	調查分析	省思寫作
✓	✓	✓	✓		✓	✓	✓

核心素養

A 自主行動			B 溝通互動			C 社會參與		
A1 身心素質與自我精進	A2 系統思考與解決問題	A3 規劃執行與創新應變	B1 符號運用與溝通表達	B2 科技資訊與媒體素養	B3 藝術涵養與美感素養	C1 道德實踐與公民意識	C2 人際關係與團隊合作	C3 多元文化與國際理解
	✓	✓	✓				✓	

學習單 & 課堂歷程下載

⭐ 溫老師對社會科教學的想法

經歷了兩次由老師帶領到社區進行訪問的體驗，孩子無論在訪問技巧，或是厚著臉皮開口與陌生人談話的能力，都有「開外掛」般的大躍進，接下來能拋下什麼更艱難卻有趣的挑戰呢？之前都還有老師帶領著，該是時候放手讓孩子「自己嘗試」啦！

進階任務：「記者」兼「導遊」

孩子學會了如何「筆記」「訪問」，已有基礎能力進行人文調查，並且獨立深入社區探索人事物。接下來，就可以試著把「行程規劃」的棒子傳給孩子，讓他們體會自己擔起責任做事情的滋味，而不是被動的跟在大人後面一個指令一個動作。那麼，若能讓孩子「自己規劃社區走訪」→「跨越至家鄉中的其他社區」，下述八大學習目標也將同時打包入袋：

1. 閱讀地方故事，了解家鄉歷史。

2. 擬訪問大綱，針對不同對象（里長、社區內商家等）設計「好的提問」。

3. 善用網際網路、書籍雜誌，自主找尋家鄉的相關資訊。

4. 走訪、提問，認識家鄉裡不同產業的人。

5. 培養主動與陌生人聊天、發問的勇氣。

6. 學習速記採訪內容或景點資訊，並在事後統整成報導重點的筆記能力。

7. 規劃出遊計畫：

   事前，查詢景點、交通、費用等資訊，並安排時程。

   事後，整理照片、記錄個人經歷與收穫。

8. 為自己的出遊進行實況轉播（幾分鐘影片即可），學習如何透過影像或口語介紹景點特色。

這些能力堆疊起來，一次滿足了多種職業的專業技能。例：記者、導遊、youtuber、旅行社老闆等。孩子兼具決策者（規劃行程、認識景點與鄉鎮）、執行者（當面訪談、錄影、筆記）這兩種角色，很好玩但也很充實！而且，「全面性籌備」的思維是可以延續到未來的實力，不管是統籌一次活動還是發想一個點子，都必須謹慎思考、從多個角度來考慮，找出可能會遇到的困難，並思索最佳的解決方案。

另外，也要顧及「溝通力」這方面的能力，能與他人面對面的協調、了解對方，這些都是在職場上比「成績」還重要的能力，也是在這次讓孩子「自己組隊探索社區／家鄉」的過程，一次就能體驗到的能力。

▲ 要求學生走訪自家附近社區，並將相關內容彙整成一本小書《會走動的地圖》。

溫老師這樣教社會課

先前，孩子已歷經一系列訪問里長、採訪店家的課程。他們從老師帶領，到自己獨立採訪，挑戰逐步加大，也一步步突破心中的膽怯。但我不甘只做到這些！既然前兩次課程已示範如何安排路線、採訪態度等技巧，再加上孩子已經「玩」上癮了，這次何不順勢讓孩子來個更進階的挑戰：從學校自己走回家？

一、讓地圖「動」起來，自己初次規劃小旅行

　　此階段孩子將邁入另一個新的里程碑，從規劃到實行全都一手包辦。他們不僅已經習慣訪問這件事，也開始能夠獨立思考：自己找尋資料、規劃路線、安排行程等。也就是說，這次走透透的活動，不再像以往出門只是被動跟著爸媽遊玩。

STEP 1 ▶ 事前準備

　　這次我請孩子以住家附近的社區為目標，並邀請家長隨同參與。不過，無論家長是否同行，都必須獲得家長的書面同意。所以，我在課堂花了一些時間說明此次出遊的遊戲規則，並發下學習單，請孩子用這個格式撰寫一份徵求父母同意的「走訪申請書」。

　1. 申請書：說明文的實戰應用

　　學習單上面已按照申請書應備的格式留出空白欄位了。像是在標題的位置，我刻意留出欄位讓孩子發揮創意。

　　先前在國語課曾讓孩子練習如何「下標題」，這次撰寫「走訪申請書」再次應用這項技巧。以下是幾則孩子發想的申請書標題。

- 用詞正式版→〈小小兵的請求書〉
- 說服語氣版→〈請您答應吧〉
- 霸氣簡約版→〈申請〉
- 甜蜜撒嬌版→〈今天要遊玩！爸媽答應我！〉
- 放低姿態版→〈小小兵的哀求之心〉

　　就內容來看，孩子這次也充分發揮所學，在申請書裡頭舉出這次校外教學的諸多好處，以說服父母點頭答應。

申請書作品的精華範例

申請書作品 1 特色：說明此次活動預估達成的學習效益

● 我們要學習什麼呢？**❶** 自己的膽量 **❷** 口才 **❸** 必須快思考，因為一個問題要馬上問，當然寫字也要快，不然會讓老闆一直等妳。

● 我們也有實際的經驗，如：**❶** 採訪里長，我們學習到為什麼叫郡王里，……，當然我們還有一次經驗：**❷** 訪問商家，我們也知道店家的小秘密。而我們要繼續挑戰是因為想要玩，可是又能同時學習

申請書作品 2 特色：說明組員的行程規劃

● 行程安排：我們也已經排好了：**❶** 21 號家→**❷** 14 號家→**❸** 20 號家→**❹** 27 號家→**❺** 22 號家，我們也會一邊欣賞美景並參觀。我們這一組有……（此處省略該組名單）。我們星期六 12 點在大門口集合，全部到齊之後，再一起出發到 21 號家。我們需自己吃飯，謝謝您的配合。

● 工作內容：**❶** 採訪店家（帶採訪板）、**❷** 拍照片（不可亂拍，拍重要的並 PO 上班網）

申請書作品 3 特色：說明安全上的考量並提供緊急連絡電話

● 安全須知：**❶** 過馬路時，左右兩邊都要看 **❷** 不在馬路上推擠別人，讓別人不舒服。接下來，如果您想要和各位家長喝咖啡、吃下午茶，我告訴妳這些美女家長的電話：○○媽媽……

申請書作品 4 特色：說明家長配合事項，並說明課程的效益

● 家長最好的幫忙應該是：放心讓我們走，陪伴我們，並幫忙拍照（6 張就好）並 PO 上班網，謝謝你們的協助。

● 課程的效益：預定我們要完成很多店家的採訪，並知道許多小秘密，口才變好、膽量變大。這些，一定能收穫滿滿的回來，我一定把事情都跟你講也讓你收穫滿滿。

2. 選擇同行者

這次的分組（組團）有兩種模式：「自由組隊」或「跟家人一起」。前者仍有一位以上的家長跟在後方照看著，這位押隊人員由該團某位孩子的爸媽來擔任；後者則是學生跟自己爸媽組成一團。

3. 小組討論

分好組，接著就請孩子規畫自己那一團的行程：路線、時間、行程安排、用具準備、組員工作分配……我事先跟全班講好，規劃路線、行程的工作必須交給學生，「家長只能跟在後面當『金主』『保鑣』或是『跟屁蟲』！」

4. 繪製《會走動的地圖》

我要求孩子事前要準備一張空白地圖。另外，出遊出遊之後還會以小書的形式當成結案報告，裡面記錄這趟旅行過程的點點滴滴；所以，這張地圖我指定他們必須親手繪製，當成小書的封面。

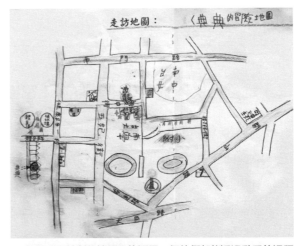

▲ 每個孩子繪製的地圖風格迥異，但他們都能透過動手的過程而牢記這地方的環境概要。

STEP 2 ▶ 當天活動

當天的行程要點，包括了走訪社區兼觀察環境、訪問店家……以及吃喝玩樂。這趟行程任務還結合了「即興演講」的教學活動（請參考 2-3 這篇），讓孩子擔任導遊或導覽員的角色，邊遊歷邊介紹景點，同時順便做作業：當周的演說影片就從這裡取材吧！

STEP 3 ▶ 事後結案

回到學校之後，我繼續盯著孩子完成這本小書：《會走動的地圖》。小書裡面必須包含的內容，我用寫作提示做了書面規範。

寫作提示：《會走動的地圖》

> 1. 走訪實錄：記錄自己走訪該社區的過程、聽到的見聞（重點），以及相關回憶。
> 2. 檢討與報告：從事前規劃到正式活動，有哪些地方是你沒注意到的，或是可以改進的？
> 3. 心得與學習：從事前、活動到結束，這整個過程的心情及想法？也給自己的自我表現評分。另外，你對於溫老師設計了這一系列的課程，會給予她什麼樣的評價？

二、地圖再次「動」起來，來趟「家鄉走透透」

孩子有了「自行規劃」周遭社區小旅行的經驗，接下來我們再擴大層級，把觸角延伸到「台南市」。為了提升挑戰性，我在這次行程設定了以下條件：

1. 地點

摒除一些距離較近的區域，例如安平、安南、東區、中西區、南區、永康等地，跟自己熟悉的生活圈要有一定距離。

2. 交通

不可讓父母開車載送，只能搭乘公車、火車等大眾運輸工具。

3. 行程

全程由學生規劃。也可以規劃過夜的行程（孩子聽到這點都高興死了）。父母仍舊扮演「金主、保鑣、跟屁蟲」的角色。

4. 組團

可自行組隊，或與家人一起。每組至少要有一位家長跟著。

5. 資料

計劃書要紀錄整個過程，包括行程規劃、當地的自然人文資料、筆記、總結心得。裡面還要放照片，用圖文方式來說明。

6. 影片

錄下遊玩過程，片段即可。可用導覽甚至是相聲的形式來介紹景點、地方特色。

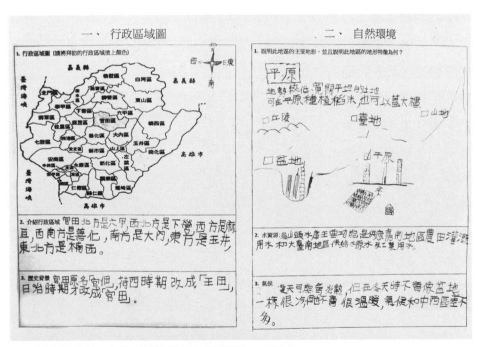

▲ 以左鎮為目的地，行前請他針對該區各方面展開一系列研究。

STEP 1 ▶ **事前準備**

　　早在出發前幾周，我就請孩子開始準備這次的活動。有的事項（如行程安排）必須完全靠自己，有的則需請家長協助（像是簽核申請書、參加活動並幫忙押隊）。

　　1. 規劃行程

　　孩子必須自行尋找同行的夥伴、訂時間表、決定地點、查詢旅遊地點的相關資訊（包含自然與人文兩方面的資訊）、規劃交通路線（包含了要搭幾點的車、在哪裡轉乘、車資等資訊）、搜尋當地美食，並將上述內容全部記錄在計畫書裡頭。

　　2. 撰寫申請書

　　這次也必須撰寫一份給家長的申請書，簡單說明這次活動主旨，以及分組討論得出的行程，徵求家人同意。當然，身為級任老師的我這邊也有另外寫了一封信，告知家長此次教學活動的來龍去脈，在邀請對方參與的同時也備註了「不強迫參加」的選項。

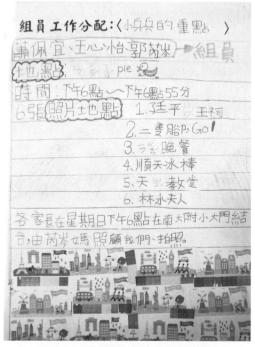

▲ 瞧！現在孩子已學會如何編寫行程通知書了。

STEP 2 ▶ **當天活動**

　　在選定的假日當天，孩子就快樂的出遊囉！當然，我們的玩樂都順道帶入教育意義，他們前幾次學到的能力都將運用在這次的活動。例如，聽講的同時也要做筆記來紀錄、訪問地方商家等。能跟同學一起玩

樂，又有充實的學習內涵，孩子與家長都非常滿足。

針對錄製影片這項要求，孩子也發揮創意。有位學生別出心裁的運用臉書的「直播」功能，實況轉播這次出遊的過程，這個經驗真是妙趣橫生，也間接增進口語表達的「臨場反應力」呢！還有孩子透過「角色扮演」的方式來串場，把「左鎮自然史教育館」內的文物全都融入影片內容，以別出心裁的方式來介紹這些文物，成就了孩子「自編自演」的精彩處女作。

STEP 3 ▶ 事後整理

不管玩得多瘋狂，回到學校後都得靜下心來，彙整這次旅遊的資料。我在課堂上帶領他們重新整理旅遊目的地的各項資訊：自然環境、交通資訊、產業發展、名勝古蹟、美食、水資源，請孩子將統整過後的重點謄寫到他自己的計劃書。這份計畫書不僅包含客觀資訊，也包含了孩子自己主觀的認知與創作。像是手繪「足跡紀錄地圖」（對部分孩子而言也是事前規劃的路線圖）、走訪心得等等，都是孩子必須自己思索之後再創作的內容。

寫作提示：《大台南走透透》

> 1. 將行走足跡紀錄為地圖，熟悉了居住地附近的地方，地圖中的每一站似乎也多了情感連結。
>
> 2. 走訪實錄：描寫走訪的趣事、印象深刻的經驗，為剎那喜悅留下具體的文字，而不只是過眼雲煙。
>
> 3. 檢討與報告：報告走訪小組合作的過程、停下來進行的活動。
>
> 4. 走訪心得與學習：從事前到活動及結束，過程中的心情及想法，也給自己自我表現評分。另外，對於溫老師設計了這一系列的課程，你會給予她什麼樣的評價？

三、番外篇：擴大至「大台灣走透透」

這樣的「大台南走透透」活動廣受學生跟家長的歡迎，一直持續到四年級下學期之後拆班為止。孩子後來還自主性籌備了「大台灣走透透」的旅遊，把範圍擴大到台南之外。

這些「大○○走透透」的校外教學活動，我並沒有硬性規定孩子要參與，但到最後，不僅全班都參加了，還自動籌備，一邊遊玩的同時也不忘一邊進行實錄、紀錄，最後還寫心得、做小書，完全不認為這種要交作業的旅遊是項苦差事。

還記得第一次帶孩子進入社區訪問商家時，他們表現的相當生澀；第一次錄下自己在家練習短篇演講的影片，畫面中的孩子表情多不自在啊……經過一年多的磨練與適應，如今這些技能對他們來說都變得像喝水一樣自然了！我的結論是，讓孩子習慣自我面對、操作、思考，一旦能力、勇氣都變大了，自己就能成為自己學習的主人！

家長的省思心得 1

> 一開始媽媽有點焦慮，看兩個女孩邊上網 Google，邊在地圖上比畫，我好想插手說「這媽媽來弄就好了！」但，溫老師要求家長在任務中只能做金主、保鑣和跟屁蟲，我也只能忍住，讓她們自己慢慢找資料、規劃路線。結果是甜美的！因為是自己規劃的行程，她們仔細參觀、認真做筆記，也學習在計劃和行動有落差時立即進行調整，尊重彼此不同意見且互相接納……能夠統整孩子各種能力去認識自己的城市和環境，這樣的學習是深刻而真實的 —— 雖然要付出時間跟金錢的代價，但實在很值得！

家長的省思心得 2

> 透過「台南走透透」教學活動，讓孩子看見自己居住的城市。透過感官與經驗學習，不斷擴展視野，增加自信、冒險精神與危險掌控能力。有別於課本上的被動學習，孩子更能隨時透過自己的眼睛，觀察城市的善與惡，家長亦能輕鬆有趣的協助孩子學習。

智琪老師的觀課心得

當其他老師因為擔心秩序、安全上的問題、不敢將教學現場拉到校外，溫老師卻突破限制，從三年級到四年級，就讓這些小蘿蔔頭擁有多次走出校門的學習機會。這樣的教學手法，引發我萌生了下述感想。

溫老師設計活動的思維

我想，針對核心素養很重視的能力來看，這樣的教學內涵切入了未來社會需要的人才特質。

1. 手繪路線圖

這是每個孩子都可以做的事情，也就是說，請孩子想想自己是如何從學校回到家裡的。如果這樣的路線能繪製成地圖，這可是以後在上「地理」課必備的基礎技能喔！

繪製地圖這項任務，當然期待孩子能盡量獨力完成。但是一開始肯定也需要師長指導。像是學校附近的地圖，溫老師就可以在課堂上指導全班。但若要繪製住家附近的社區地圖，由於班上學生都來自不同地方，所以如果家

長願意協助的話，孩子就會更清楚、快速的建構出正確的地理位置概念。

2. 走訪申請書

未來社會需要的是主動出擊的年輕人。所以，自己需要什麼，就自己想辦法去申請，別等別人來幫你。因此，如果孩子想要出門旅行，他就必須自己去說服家長，並請求適度協助。

3. 小組合作與工作分配

未來絕對是「team work」的世界。如何與他人協調？在團體裡各司其職？這些「走透透」的任務就是一個絕佳的學習機會。

4. 珍貴的實際體驗

讀萬卷書更要行萬里路！關在教室學到許多知識，都不如親身去體驗與感受來得深刻！而且，這一路上的經驗，絕對能累積並轉換成一生受用不盡的實戰能力。此時不把握，更待何時？

5. 最好的寫作素材

差異化經驗是最棒的寫作題材！尤其當孩子和同學一起去外地闖蕩，這樣的任務絕不可能在教室發生，於是這樣的體驗必定深刻異常，也會帶來前所未有的衝擊與感動。已經習慣寫作任務的己班寶貝，相信也不會浪費這麼棒的記憶啊！

校園以外也能成為「經驗學習」的絕佳場域

許多孩子表示，實際出遊後，才發現自己想得太單純了！比如，有的人規劃要在兩天內跑遍七股和白河，卻沒想到這兩地一個在東台南，一個在西台南，要兩天內跑完，行程會非常不順。班上孩子在規畫行程時，幾乎都有這個共通的問題：大家往往只顧著要排入自己想拜訪的地點，卻未顧及距離與時間的問題，最後，不是淪為趕場，就是臨時刪除行程內容。

雖然過程不一定順利，但我覺得，趁孩子在年幼時就先嘗過一次不太完

美的旅行，他們之後遇到類似情境時，考量事情便會變得更審慎。當孩子不害怕失敗，努力去闖世界，抱著「錯了就下次改進」的勇氣，那麼，以後面對大風大浪，他們也能妥善的調適並因應。

不論是事前的寫作（申請書、準備工具、工作分配）還是事後的收尾（見聞、檢討心得），這些任務讓孩子變得沒那麼魯莽行動了，也讓出遊回憶得以留存。雖然我並未參與這些活動的校外行程，但也能從他們照片上的笑容、小書裡生動雀躍的文字，明顯看出這些活動帶給他們童年最繽紛的一頁！

溫老師，你教的孩子怎麼這麼厲害？

你可能難以置信，為何小三、小四的孩子能做到那麼多事？但從一系列「大台南走透透」活動中，我們就可看出這些能力的建構並非一蹴可及。這些活動，我們經歷了兩個學期，且是一次次給予孩子機會慢慢嘗試錯誤，孩子才能逐步熟悉、習慣這些事情的。

我認為，這些能力才是藏在社會課本裡面，等待孩子自行挖掘的寶藏。這比讓孩子背課本中「整理資料的流程」還重要太多了。當你實際操作過一遍後，你還需要背什麼流程嗎？我期望孩子從社會課本學會的，是未來獨立思考、規劃活動、與人接觸、統整資料的能力，這才是能跟隨一輩子的實用技能呀！

活動越「開放」，「附加價值」越爆增！

一系列教學流程，到了讓孩子組隊（組團）的階段，溫老師基本上已經沒在做什麼事了。她頂多適時給孩子一些引導、指示，或是請率先出遊的組別公開分享自己的經驗談與建議。

弔詭的是，老師干涉越少的活動，孩子越愛！到了中期之後，有的

孩子自己揪一揪就出門旅行了！不僅學生之間的感情越來越好，他們在公共場所也越來越不害怕他人的眼光，連在人來人往的捷運口都能面對鏡頭前侃侃而談 —— 喔，你說「台南哪有捷運？」是啊是啊，搭捷運是因為孩子自己就跑到高雄去了！

此外，不只是單純做筆記、訪問，孩子也直接或間接的提升這些方面的能力：人際相處、溝通協調（決定要去哪裡）、口語表達能力（鏡頭前表現）、演員或編劇的體驗、分工合作（分配組員的工作內容）……孩子要一手包辦那麼多事，也難怪附加價值如此的飽滿呀！

▲ 藉由「腳踏實地」的小旅行，孩子不僅變得更獨立，也提升了觀察力。

Part ④

功夫篇
社會科學習秘技，
高效又有趣

繁瑣的史地內容，要死背？還是活記？

做筆記，把課文化為自己掌握的知識——

但，別再用「抄」的笨方法！

又畫又寫的地圖筆記，讓你深刻記住每項重點。

做簡表，一眼看破類似名詞的異與同。

看影片、討論人物性格，枯燥課文裡的人事物瞬間活起來。

筆記作品還可用來裝飾教室。

做筆記的技巧，則可以應用一輩子！

4-1

社會科爲什麼要做筆記？
學到＝一輩子賺到！

課例示範 　翰林版五下《社會》第四單元「聚落與人口」

預計成效 　請孩子試著以「課本編輯」的角度來解構課文，取代死
　　　　　　讀硬背，學會更有效率的讀書方法。

社科知識

地理	歷史	心理	經濟	政治	法律	素養
✔						✔

學習型態

參觀訪問	蒐集資料	筆記整理	欣賞體驗	討論報告	實作練習	調查分析	省思寫作
		✔			✔		✔

核心素養

A 自主行動			B 溝通互動			C 社會參與		
A1 身心素質與自我精進	A2 系統思考與解決問題	A3 規劃執行與創新應變	B1 符號運用與溝通表達	B2 科技資訊與媒體素養	B3 藝術涵養與美感素養	C1 道德實踐與公民意識	C2 人際關係與團隊合作	C3 多元文化與國際理解
	✔		✔					

學習單 & 課堂歷程下載

✪ 溫老師對社會科教學的想法

很多小學生升上高年級之後變得害怕社會科，老覺得課本裡頭都是一些死知識，還要無止盡的背誦、考試。學生痛苦，老師也不輕鬆！傳統的教育觀念讓師生跟家長都拼命追求高分，這導致老師深怕自己漏教課文任一細節而導致學生被扣分，並認為自己講解越是鉅細靡遺，孩子就越能記住。基於上述的錯誤認知，許多人一提到社會課就噩夢連連或負評不斷。但，這門科目真是如此的討厭、可怕嗎？

因為陷入資訊的迷宮，從而引發了社會科恐慌症

課本導致大家誤解社會科的教與學，但它之所以如此編排則要歸咎背景：社會科要講授的範圍實在是太深、太廣了！視野包含了個人、學校、社區、國家到國際，要介紹的主題也橫跨了古往今來的時空。每學期才一本教科書，怎可能容納所有知識？充其量只能蜻蜓點水般的帶到些許片段！

上述問題導致課本的編寫手法變得複雜。為了將各項議題納入有限篇幅裡，不但在課文以外添加註解或引述，還有輔助圖片，並不時穿插表格……一個版面就有這麼多訊息！你說，這樣的內容會有多難吸收、轉化啊！

接著引發第三個問題：孩子平時讀不通課本，等到考試時就會覺得有許多題目很陌生，於是只好更努力的生吞活剝、死記課文——至於能記多少、記多久？一切等考完再說吧……就這樣陷入了「填鴨式教育」的惡性循環，難怪會患上「社會科恐慌症」！

其實，我們不必如此無奈、焦慮。即使高年級社會課本大量出現歷史、地理的資訊，且這些點到為止的資訊看起來又很龐雜；但只要善於整理資訊，就能明白它的來龍去脈、掌握課文重點。我覺得，做筆記就是克服資訊太瑣碎、凌亂的不二法門！

溫老師這樣教社會課

社會科的紙筆考試都離不開知識性內容；因此，學習如何整理資料進而強化記憶，就成了學生必備的讀書技巧。這項技巧不單是為了應付考試，孩子還可從中掌握如何處理龐雜訊息的策略。

將資訊留下，才有機會轉化為自己的知識

依據認知心理學的《訊息處理理論》(information processing)，我們若想將課本內容等外界資訊轉化成自己的知識，就必須將它們變成長期記憶。

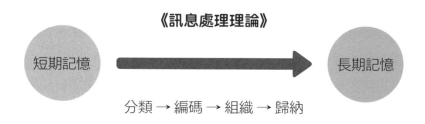

《訊息處理理論》

短期記憶 → 長期記憶

分類 → 編碼 → 組織 → 歸納

從上列簡圖可看出，外界訊息進入大腦之後，先是成為短期記憶；然後再經過分類、編碼、組織、歸納，才能進入大腦的長期記憶庫。如果，聽入或看到的訊息沒有經過這些歷程，過了一段時間就會從腦海消失。這也是為什麼師長常會聽到孩子說：「我記不起來」「我忘了」。孩子之所以記不住學過的東西，正是因為他沒有徹底了解內容，只靠著死記硬背，塞入腦海的資料沒被消化而難以留存下來。

我們都期待孩子讀了資料就能夠記住，並給予回饋。但在現實中，孩子沒有經過記憶力的訓練，這點是絕對辦不到的。只有少數得天獨厚者因為自己夠敏感，或是透過某些管道才有機會建立過目不忘的本事。事實上，絕大

部分的成年人也無法自行建立超強的記憶力。因此，老師在上課時就必須意識到這個問題，隨時提醒孩子並提供練習平台；否則，當他們上了國中、課業突然加重，勢必無力因應更多的學習內容。

別急著畫重點，你才能突破魔咒般的課文

很多師長或學生都會感嘆：「為什麼社會科課文是這麼的難以理解也不容易記住？」其實，問題就出在課文的編寫方式。

社會課本的文章既不是故事也不是記敘文，體例偏向說明文，編寫目的就是為了說明許多現象，以及因為該現象衍生出來的問題。只不過，這些課文礙於篇幅有限、編輯卻需要排入眾多主題，導致沒能周全陳述事物的成因或解決方案。常常只是提了年代、人名或專有名詞、事件發生的地點跟時間，然後就進入下一個重點了。這樣的內容讀起來磕磕絆絆且索然無味。大人尚覺如此，何況是小孩？

讀書需要方法，這道理我們都知道。可是，該如何讓孩子擁有這些方法呢？在探討此事之前，我們必須先了解所謂的讀書方法是：❶ 深度理解資料內容、❷ 理解之後還能結構性的分類並將之整理成自己的筆記。以下就是破解社會課文魔咒的三大步驟。

STEP 1 確定文章在說什麼

讀書可不是一字一字的讀下去就好。悶著頭一直讀，反而會搞不清楚哪裡才是重點。我建議孩子，讀書時應該三不五時就停下來思考：「這段內容到底想告訴我們什麼？現象背後的問題是什麼？」別急著畫重點再背誦。那樣很容易陷入細節的迷宮，覺得處處都是重點，這些重點背不完又記不住，只有從更高層次去抓住課文的大致脈絡，你才有機會發現真正重要的重點在哪裡。

我向學生舉例：「若以這次教到社會課文 4-2 來說，這一課很明顯的就是讓我們明白各種類型的聚落，其特色與問題各為何，並進而比較它們的差異。」

STEP 2 ▶ 確立文章結構

確定了該篇課文的目的，我們還必須學習如何找到合適的結構來統括文章內容。也就是說，在學會做社會科筆記之前，必須先掌握好課文內容的編排概念。

以下是一篇社會科課文必備的架構：

1. 概念的呈現

2. 特色、功能、現象（起因、經過、結果）

3. 造成的影響、前瞻或期許

STEP 3 ▶ 為課文內容做分類

我告訴孩子：「通常，課本每個單元的底下都有好幾個小單元，我們稱為『課』；每一課都有標題，我們可以當成是作文題目。」接著請他們假裝自己是教科書的編輯：「如果我們要用這個題目來寫說明文，會需要蒐集哪些資料呢？該怎麼呈現？這一段課文提到的狀況產生了怎樣的結果？其影響會是什麼？」我請他們嘗試將課文各段內容套入 STEP 2 ▶ 提到的架構。

1. 概念的呈現：前言、解釋或定義

這一課到底想告訴我們什麼現象？現象背後的問題是什麼？……以五下翰林版社會課本 4-1「聚落類型與生活差異」第一段為例，這篇課文的目的是要讓我們了解台灣的村落、鄉鎮、都市的環境與生活特色。

2. 特色、功能、現象（起因、經過、結果）

以偏遠地區的村落為例，人口流失是特色；那麼，大家為什麼想搬到都市去？

3. 造成的影響、前瞻或期許

當居民紛紛從鄉下搬到都市，這對大都市又會造成什麼影響？

這部份的練習是為了確定孩子真的消化了文章的內容，進而能以更高層次的方式來記住這些內容，不再只是囫圇吞棗。但是，一開始進行這項練習時通常會考倒不少孩子。我以該課提到的人口流失現象來說，有些孩子就不曉得應該要將這一段歸類為前因還是後果。

是否善於分類，其實是牽涉到孩子的理解、判斷的能力。尤其是平時閱讀量過少的孩子，因為掌握語意的能力較弱，很容易會發生這方面的問題。至於補救之道呢？就只有平時再加強閱讀能力囉！

從理解到記憶，打造適合社會科的讀書法

我的教學向來很注重內涵的理解與筆記的整理。不管是國語的課文分析或作文鷹架，還是數學的解題步驟，都是從這個概念來出發。這次將觸角延伸到資訊最龐雜的社會科，做筆記的難度更高了。

▲ 學生自行整理的筆記，可以是黏貼在課本裡的補充資料，或是寫在小白板、學習單各種形式的資訊彙整。

所以，想讓孩子建立一套適用於社會科教材的有效讀書方法，老師在課堂上就應經常引導他們去進行上述的思考練習。這樣的思維能協助他們確實消化課文，並得以用綜觀全局的高層次觀點來掌握重點，進而記住內容。

怎麼讓考試得高分：以社會科為例1

這是我做的表格，裡面整理了這兩課的重點，雖然花了我很多時間，而且表格不容易固定，常常以為快要弄好了卻又跑掉了，真是氣死我啦！有的同學用手工做整理，我不喜歡那種方式，不能超連結一些資料，感覺很落伍。

如果要我說說做完這件事的心得，我會覺得苦樂參半，不過，如果往遠處來想的話，應該是值得的吧！

除了考試之外，我覺得應該是讓自己的頭腦突然清醒很多的感覺，而且，我也變得對文章的標題很感興趣，會先去想，如果我是編輯，我會想提供哪些方向和內容給讀者呢？為什麼呢？跟原來的編輯有什麼不一樣呢？編輯提供的資料，如果我要變成一篇文章，那些資料該怎麼樣串起來呢？

我發現原來社會課本必須用自己的結構串起來讀，不然，一堆圖片、表格，還有短短幾行的文字說明，實在讀不下去啊！如果，把老師上課的提問回答後串起來，才能知道課文到底想要表達什麼。我現在知道為什麼會發生這種事情了，因為溫老師說，原來的社會課本呈現的都是「現象」，不是經過我們思考、整理、合邏輯的「事件」，所以我們連看都不想看。

做筆記，很辛苦卻很值得。

怎麼讓考試得高分：以社會科為例 2（節錄）

　　用對了讀書方法，學會處理資訊做筆記，參加考試的確是件讓人很有成就感的事，因為在考試中可以驗證自己準備的方向與成果，如果都萬無一失，表示自己已經真正掌握了讀書的精髓，那不就像中樂透一樣讓人興奮嗎？四年級以前，我從來不知道什麼是做筆記，而且，考試的範圍跟內容都不難，只要考前看看書或是寫一些測驗卷，再認真檢討平時考錯誤的地方，我都可以得到很不錯的成績。

　　升上五年級，溫老師開始教我們做文章的分析，除了國語課文是必備的工作，連健教、社會課本的內容也不會放過，分析後，有些還要做成表格也就是筆記，剛開始真的覺得很辛苦，可是，神奇的事情發生了，國語課偶爾需要背誦的文章，經過分類整理之後，突然變得簡單、好記了。

　　另外，社會課做筆記也是溫老師特別關注的，因為，社會課本出現的資料都很雜亂，比起國語或健教更沒有頭緒，再加上老師都還會補充很多資料，最後該怎麼變成「有條有理」的內容？沒有學會如何做筆記，事後不但讀得辛苦，考試一定也很難得高分。

　　雖然現在出版社都會給我們一本整理好的重點便利書，可是溫老師卻覺得我們應該自己找到自己的分類、編碼和歸納的方式，所以就開始了我們的社會筆記課。

　　這一點對我們很重要，因為社會課文跟國語課文很不一樣，看起來複雜多了，可是經過溫老師的指點之後，我才知道其實一點都不難，還是有破解的「門道」唷！那就是文章結構，只要按照老師給的幾個「說明文」的文章結構概念去分析每一課社會課文，幾乎都能抓到分類的標準。

4-2

一張地圖，
輕鬆搞定台灣史地的時空資訊

課例示範　翰林版五上《社會》第二單元「臺灣的自然環境」、第五單元「唐山過臺灣」

預計成效　將台灣地理、歷史重點濃縮到一張台灣地圖中，讓繁雜資訊也能一目瞭然。

社科知識

地理	歷史	心理	經濟	政治	法律	素養
✓	✓					

學習型態

參觀訪問	蒐集資料	筆記整理	欣賞體驗	討論報告	實作練習	調查分析	省思寫作
		✓			✓		

核心素養

A 自主行動			B 溝通互動			C 社會參與		
A1 身心素質與自我精進	A2 系統思考與解決問題	A3 規劃執行與創新應變	B1 符號運用與溝通表達	B2 科技資訊與媒體素養	B3 藝術涵養與美感素養	C1 道德實踐與公民意識	C2 人際關係與團隊合作	C3 多元文化與國際理解
	✓			✓				

學習單＆課堂歷程下載

✦ 溫老師對社會科教學的想法

當社會課進入台灣歷史的領域，尤其是清領時期之後出現大量名詞，重點也散落在正文與圖說等處。這些資訊是如此龐雜！若沒有經過分類、歸納的系統性吸收，實在難以記住。

此時，老師除了用生動語氣來講解或帶入歷史故事以提高孩子的學習興趣，更重要的是如何引導他們學會統整、歸納這些訊息，幫他們跨越這場難關！如果孩子學會如何從紛亂、龐雜的資料當中抓到重點與脈絡，不僅考試再也非難事，同時還能鍛鍊出「做筆記」的能力。這項能力在將來的學習之路將有大用。所以，在五年級的社會課，我就運用以下兩大策略來教導孩子做筆記。

策略 1：空白台灣地圖，綜觀整體內容

使用這份空白台灣地圖時，先請學生將課文裡提到的全部名詞都填寫到對應的縣市位置。例如：在「新北／台北」標示瑠公圳、聖多明哥城、大觀書社、在「台中」標示林爽文……並透過心智圖的自由聯想形式，將各個名詞有關的「人事時地物」記在空白處。

策略 2：分類表格，橫向深究相異之處

當孩子對這些名詞已有整體了解之後，再將名詞細分為「人物」、「神明／宗教機構」、「族群」等類型，並將這些內容分門別類、製成表格。例如：林爽文、朱一貴這兩人都跟「民變」有關，發生的時期皆在清領初期；至於曹謹、郭錫瑠、施世榜這些人物，則和「水圳」的興建有關。

這份表格可與方才填寫的地圖擺在一起，以便交互比對、進一步釐清各名詞之間的關係。

分類表格的教學案例，本書的 4-3 單元有詳細介紹。本篇就來談談如何使用這種空白地圖、幫助孩子打通台灣史地學習的任督二脈！

溫老師這樣教社會課

只憑著一張「空白台灣地圖」，就能「極大化」學生對於台灣地理以及開台四百年歷史的認識！做法很簡單，課本上寫了什麼重點，全都移植到空白地圖就對了！

一張地圖，征服台灣的自然地理

台灣附近有哪些國家？太平洋、東海、黃海、南海在台灣島的哪一邊？台灣本島有哪些重要的山脈與河流？哪座山最高？哪條河流最長？哪個地方的緯度是多少？年均溫多少？……這些屬於自然地理方面的知識幾乎都跟方位（空間）有關，與其透過口頭背誦將零碎片段填入腦海，還不如以整理地圖的方式來爬梳它們彼此之間的關係、進而的在腦內建構好一套資訊的脈絡，從而不易弄混或遺忘。

STEP 1 ▶ 用「空白台灣地圖」詮釋訊息

這份「空白台灣地圖」僅印好各縣市的輪廓，刻意不印上縣市名稱，以便孩子能自由的在輪廓內外填入各項資訊。

1. 自行從課本找出重要資訊

全班每個人發下一張「空白台灣地圖」，給孩子足夠時間去閱讀課文並從中抓出重點，或自行在課本之外搜尋補充資料。

2. 製作我的獨家版台灣地圖筆記

接著，請他利用自己找出來的資料，在這張地圖上畫出或標註河流、地

形、經緯度、海洋、鄰國等
圖文資訊。

3. 不適合寫畫在地圖的就
改用表格

至於那些難以用「繪圖＋
文字」標註的概念（例如：
氣候、海岸線特徵），則可
整理成一張簡表讓孩子填答。

由於孩子必須填寫或畫出
答案，他們得不斷翻查課本，
無形之中就讀進重點了。

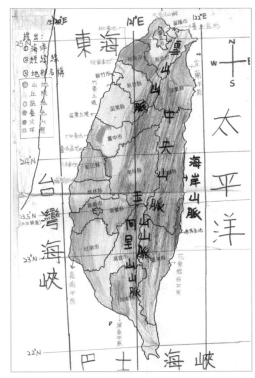

▲ 透過地圖，我們更能山脈河川與水庫的相對位置。

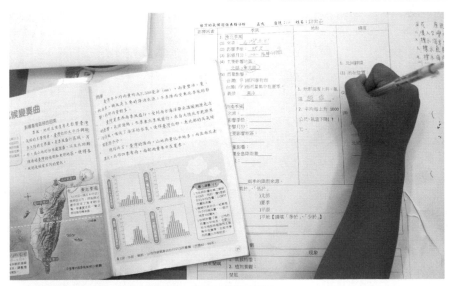

▲ 很難在地圖找到合適下筆處的資訊，就改用表格來整理。

STEP 2 加入「考題」，進行交互比對

在孩子畫地圖的同時，我又發下一張屬於該單元範圍的練習卷（考題），請孩子答題，還要求他們把這張考題與自己畫的地圖，黏成一大張特製版的圖文筆記。我告訴孩子：「請你們用盡辦法，把課本中的相關概念全都畫出來、寫出來。還有，這張考卷上的所有答案，也都要能對應到你這份筆記的圖或文——特別是那張空白地圖。」

這樣的詮釋手法，不只讓孩子學習如何轉化知識、改變以往靠背誦為主的讀書方法，也在無形之中搭建起「課本內容」和「考題」之間的橋梁——藉此，孩子更能明白某些概念會以什麼形式、問法，轉變成考卷上的題目。

將「自製台灣地圖筆記」與「考題」合體，變成孩子自己專屬的讀書筆記，他之後要複習該單元就會更有效率了。

表格　　　　　　　　　　　　　　　　　　　　　**考題**

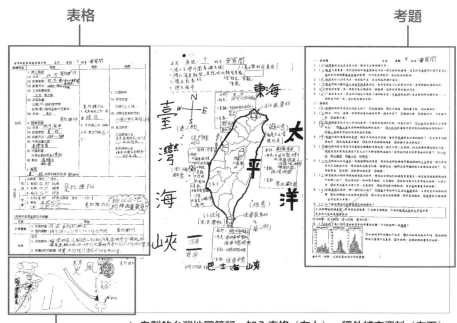

課外補充資料

▲ 自製的台灣地圖筆記，加入表格（左上）、課外補充資料（左下）與考題（圖右），完整摘錄該課重點。

　　此次教學的期間剛好遇到颱風來襲。這場颱風由於跟東北季風產生共伴效應，為台灣東半部帶來不少災情。媒體報導的颱風相關新聞，不正是「台灣氣候」活生生的案例嗎？

　　我選擇其中幾篇報導，放大、影印之後（刻意留出許多空白好讓學生做筆記），發給每人一張。然後請孩子仔細閱讀，找出新聞內容跟課本重點有關之處，然後將資訊標記在該段敘述的附近。

　　我一直認為，社會課應該是最能貼近真實生活的學科。所以，別再讓孩子像念經似的反覆背誦課文！不妨把僵硬的概念從課本這個神壇中請出來，讓它們深入日常生活；這樣子，孩子就會更能理解自己為何而學、課本上的知識可以如何的應用在生活中……

五戊　　座號：　　　姓名：

來豐沛水氣，石門水庫水位激增，今晚 10 時實施調節性放水，北區水資

從事遊憩、漁撈等活動。

水位 242.67 公尺，距離水庫滿水位 245 公尺僅為 2.33 公尺，為調節水

道每秒 70 立方公尺實施調節性放水。

站可是也要注意安全

在河道內從事遊憩、漁撈等活動。1061014

▲ 透過閱讀與颱風相關的報導，孩子學會關心石門水庫在哪裡、洩洪帶來的影響。

把颱風相關新聞當教材，要求孩子自行從時事報導找出課本提到的內容，他們在搜尋、比對與做註解的過程中至少對同一個名詞主動思考了三次以上。這樣做還有個附加價值：讓孩子有機會自主去閱讀、思考「新聞報導」，關心時事的同時也培養主動思考的能力。

一張地圖，整理 400 年台灣史

沒有人不喜歡聽故事，歷史就是一種故事。但，如果故事少了情節、多了一堆細節：年代、地點、人名……而且這些細節會變成考題，那就另當別論！這就是五年級學生初次領略台灣史卻普遍不喜歡它的原因。

但，考試是免不了的；就算不考試，我們也應該知道台灣這片土地發生過的故事。那麼，如何讓學習台灣史的方式變得多元、趣味又具效益呢？就讓「空白台灣地圖」來幫忙吧！

STEP 1 ▶ 將課本上的歷史名詞與現今縣市進行配對

課文提到的名詞包羅萬象，有人名、廟宇、水圳、教育機構……若全部混雜在一塊就期待孩子能記住，他們根本無法記住所有細節。因此，不如將這些名詞與「地名」做個連結吧！

例如，「新北／台北」這個地區有哪些明清時期的建築或設施呢？課本上提到的有瑠公圳、聖多明哥城、大觀書社；講到台中，則會想到林爽文……。帶孩子一個縣市接著一個縣市的逐一檢索，將名詞與地名套在一起。

STEP 2 ▶ 將歷史名詞在對應的縣市位置做圖文呈現

由於這次要填入空白台灣地圖的資訊會很多，所以，我將這張地圖印成 A3 大小，左半側刻意留白，以便做筆記。如有必要，孩子也可在這張 A3

的四周自由黏貼紙條，紙條內容可為比較性表格或其他補充資料。

　　每個人發下一張空白的台灣地圖。然後，請他們把方才全班集思廣益找出的名詞，用表格或圖文附註等方式呈現在地圖。例如：在台北的位置畫一間大觀書社，並在一旁空白處用文字說明此建築的功能。

▲ 將課本上的歷史名詞整理成一張台灣地圖，圖像思考與聯想的力量讓印象更鮮活。

STEP 3　這些名詞背後代表的意義—人事時地物

　　每個名詞的意義，往往不只字面本身。例如：大觀書院的建造，與「漳泉械鬥」有關。那麼，為何會發生械鬥呢？因為不同祖籍的移民進入台灣之際，難免會爭奪資源，再加上語言、風俗、習慣的不同，因而產生衝突。

　　帶著學生一步步由北往南，找出相應名詞，再將這些單一的「名詞」串成「故事」，以心智圖呈現，便能理出這些名詞在歷史中的定位、出現的前因後果。

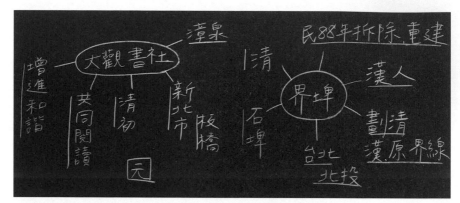

▲ 老師在黑板示範幾則如何運用心智圖的聯想法來解釋某個歷史名詞。

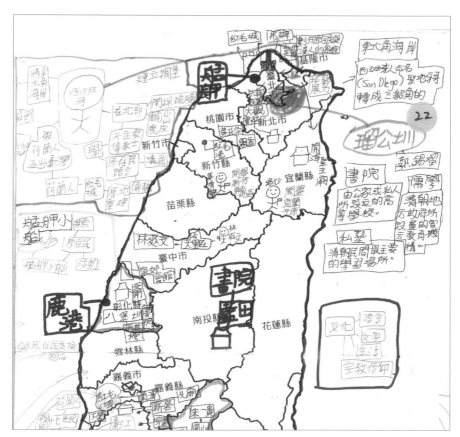

▲ 在地圖的對應位置標出各個歷史名詞，並運用心智圖的聯想技巧，於空白處寫下該名詞背後
　意義的摘要。

STEP 4 ▶ 延伸學習：縱向→橫向思維建構

當「名詞」與「地名」有了連結之後，接下來就能針對某個點進行深入比較，讓知識進入統整、綜合理解的階段。

1. 用表格來分類

針對「人物」、「神明／宗教機構」、「族群」等類別製作表格，並與上述的台灣地圖擺在一起交互比對，以便孩子進一步分類、比較各名詞之間的關係。以「人物」類別為例，像林爽文、朱一貴這兩人都與「民變」有關，他們都是在清領初期主導民變，也就是清廷剛來台灣開墾，尚未積極建設、也還沒顧慮合理分配人民資源的時期。

至於郭錫瑠、施世榜、曹謹這三位則和「水圳」的興建有關，他們分別在台灣的北中南三區闢建了瑠公圳、八堡圳、曹公圳。從這個表格還可比較這些水圳的興建年代、分布範圍、水源取自哪個河川……比較性的資料，透過表格來整理，成果更為一目了然；這份表格再對照地圖，這些名詞就會在腦海裡產生堅實的時空脈絡了。

至於表格在社會科筆記的應用，下一篇將會再更進一步的介紹。

2. 綜合問題討論

建構好知識基礎之後，我們就能更進一步的提問。例如：「為何清政府願意開放民間私人興建水圳？」「興建水圳的主導人為何願意扛起建設地方的責任？」「他們用什麼誘因吸引許多人來投入資金？」有了基礎的知識概念，孩子才有能力回答這些必須更深度理解、推論的問題呀！

一張「台灣地圖」，系統性整理了那些瑣碎的知識內容，同時為將來的「應用」、「反思」做了準備。讓孩子在「面對考試」之外，也為他們開啟一扇「歷史思辯」的窗！

智琪老師的觀課心得

社會課讓孩子在地圖板上畫好、寫滿，這樣的獨家筆記不僅做出了知識力，也做出無窮的創造力及考試力！

1. 弱化「講述」，強化「自我理解」

五年級社會課進入台灣史地的單元之後，有很多需要背誦且有固定答案的名詞，但溫老師並沒有花很多時間跟孩子反覆說明這些名詞，她只簡單講述過一次，便提供「空白台灣地圖」讓孩子自己讀課文、抓重點、繪畫、製作圖文記錄。

在這過程中，溫老師會仔細觀察每個學生做筆記的成效。少數幾位想要草草了事的孩子，她總是不厭其煩地再三請對方補齊訊息，促使孩子學會自己要扛起「消化概念」的責任。教導孩子用台灣地圖來學習台灣史、台灣地理，這比單純的口頭講解要花費數倍的時間跟心力，但我認為很值得！因為，孩子吸收的不僅是史地知識，也對台灣的來龍去脈、台灣與其他國家的相對關係等概念有了更完整的認知。

2. 一個可以無限沿用的「讀書方法」

溫老師不僅訓練孩子自主吸收訊息的能力，也教導他們讀書考試的秘訣：「用自己最能看得懂的方式來畫圖、做筆記。」她還要求學生將考題放在自己製作的台灣地圖筆記一旁，這個做法可讓孩子直接進行比對、找答案的任務，減少孩子在考試時亂猜題的機率，解題時能夠更篤定、踏實。

溫老師示範這些任務，亦可提醒孩子在將來的升學考試之路，可繼續沿用這些理解策略來幫助記憶，讓他們知道：讀書除了死記之外，「自己消化、重新詮釋訊息」才是最重要的。

3. 神來一筆！用概念讀懂「新聞」

借助報導颱風的時事新聞，讓學生更有感的記住地理資訊，這招更是令

人嘆為觀止！

　其實，這階段的孩子還不習慣閱讀生硬、無趣的新聞，但有了「找出內容與課本連結」的任務，他們就會按捺住想要落跑的思緒，改而仔細偵測每段文句的意義。這次，溫老師並沒有很具體的指示要怎麼做筆記，因此有的學生簡述某段報導跟課本相關處的重點與頁數，有人把報導文字改用圖像方式來詮釋（例如，畫出石門水庫在台灣的相對位置），有人表達自己對文句的看法（例如，水庫洩洪的安全考量）；還有人添加課外補充資料……不管如何，他們都能隱隱發覺這些知識是有用的，也耐心閱讀了他們向來不關心的時事新聞。不管成效如何，我認為這樣就足夠了！

　想要「把死的文字醫活」，讓孩子感受到學習台灣史的樂趣，就要先讓他們脫離「被動承接資訊」的學習窠臼。用空白台灣地圖做筆記的學習方式，正好讓他們有了「主動探索、詮釋資訊」的機會！

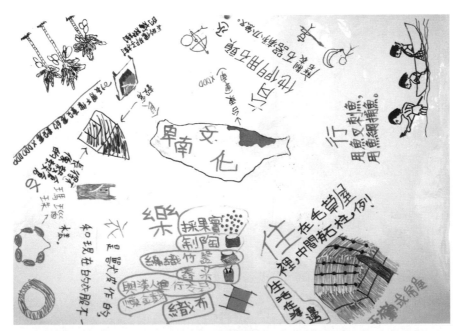

▲ 空白地圖板也有全開的大型尺寸，可供學生集體創作。詳情請參見本書 4-5 單元的相關介紹。

4-3

如何整理零散資訊？
一「表」社會無難事

課例示範	三到五年級《社會》課本各單元
預計成效	示範將複雜訊息轉化成簡表的筆記策略，逐步提升孩子利用表格整理資料的敏銳度。

社科知識

地理	歷史	心理	經濟	政治	法律	素養
✓	✓					✓

學習型態

參觀訪問	蒐集資料	筆記整理	欣賞體驗	討論報告	實作練習	調查分析	省思寫作
		✓	✓		✓	✓	

核心素養

A 自主行動			B 溝通互動			C 社會參與		
A1 身心素質與自我精進	A2 系統思考與解決問題	A3 規劃執行與創新應變	B1 符號運用與溝通表達	B2 科技資訊與媒體素養	B3 藝術涵養與美感素養	C1 道德實踐與公民意識	C2 人際關係與團隊合作	C3 多元文化與國際理解
	✓		✓					

學習單 & 課堂歷程下載

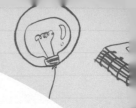

✦ 溫老師對社會科教學的想法

高年級社會課本有個特性：重點散落各處！例如，講到「台灣史前文化」時，可能文字與圖表都穿插了「卑南文化飲食」的相關內容。由於資料頗多，該如何「一眼看穿」在繁雜錯落的訊息裡哪些才是重點呢？

上一篇我們探討「空白地圖」如何幫學生掌握那些在歷史洪流出現的人事時地物，以及它們之間的關聯；我們還可以透過地圖，幫各項名詞找到「歸宿」（歷史名詞與地理位置的結合）。

那麼，接下來這篇要探討的「分類表格」，則可深化孩子統整歷史名詞、進而詮釋的能力。

社會科教學，體現「表格」優點的最佳舞台

在社會課教孩子用表格來學習史地知識，除了能 ❶ 統整繁雜訊息，還能 ❷ 訓練孩子從最上位的角度來觀看重點。

此外，表格內應該要放入哪些內容？這考驗了孩子的閱讀、理解能力。至於如何從一大串的說明文裡面找出可供分類的項目、規劃一個可涵括所有訊息的表格？這點則考驗了分類、組織、歸納的邏輯能力。當然，培養後者的難度要比前者高了許多。

但，學習是急不來的事！老師只能從不斷示範各類表格的格式開始，反覆訓練孩子在這方面的敏銳度。

一「表」在手，同時解決了記憶知識與統整能力的兩大問題，再也不必擔憂學生會「看不懂、記不住、受不了」台灣史地的單元啦！當他們的記憶知識與統整能力具備一定功力之後，我相信，未來面對概念更深奧、複雜的國高中課程，學習就會更加順遂、省力了！

溫老師這樣教社會課

對於龐雜到難以掌握的資料，透過表格來統整是最有效率的一種方式！此時，老師必須先讓孩子 ❶ 綜觀整體內容之後，接著 ❷ 歸納各項重點的歸屬，最後再將這些資料 ❸ 統整成表格。如此一來，重點就會像整齊的書櫃一樣，每項資料皆分門別類的擺在適當位置，再也不會缺漏了。

哪類型的筆記適合以「表格」來呈現？

想讓孩子一次就能很到位的發展這種表格，這是不可能的任務！那麼，該如何循序漸進的培養他們做表格的能力呢？以下綜合了我過去指導學生製作表格的模式，供大家參考。

1. 將類似的概念進行比較

像是清末在台灣推動近代化建設的兩大功臣：劉銘傳與沈葆楨，這一對可說是最常被混淆的考題。若請學生製作一份「劉銘傳 vs. 沈葆楨」的比較式簡表，兩人之間的差異立即清楚浮現：留台時間、在台政績，甚至連這兩位的籍貫、家世、宦場經歷、性格等背景資訊都可做一番比較。

2. 爬梳複雜說明文的脈絡

五六年級的社會課本，課文裡頭通常會夾雜很多概念性訊息，乍看之下不易掌握。例如，課本某一頁都在介紹台灣史前時期原住民文化，我們若利用表格來整理課文，透過分析與比較各族群的「食衣住行育樂」，更能凸顯彼此的異同。

3. 數據資料的統計與解析

在介紹台灣的自然環境時，會提到各地的氣溫及雨量。我們可製作一份表格，比較全台北中南的四季降雨量。這份表格，橫列（橫軸）分成東、西、南、北部，直排（縱軸）則是依照季節分成春、夏、秋、冬，當中的欄位則

填入平均降雨量的公釐數。透過這張表格的數據，孩子可以進而互相比較各地區的氣候特徵，以及隱藏在數據背後含意：季風、洋流、地形等因素都會影響降雨量。

4. 釐清發散思考所得的內容

通常，在教導那些傳達抽象概念的課文時，請孩子運用心智圖來思考是很不錯的學習方式。不過，事後若能再搭配表格來整理孩子經過發散思考所想到的內容，成果會更清楚、簡潔。比如，三年級上學期有個單元在探討學習方式，我們就可以請孩子去回顧自己在這方面的習慣。

由於這階段的孩子還年幼，但只要老師事先發展好橫軸、縱軸的分類標題或問題，就可以放心的讓他們在欄位裡自由回答。須注意，填入欄位的內容未必只能是正確答案，也可以是孩子自己的價值觀——透過這份表格，我們可以順勢幫孩子釐清、統整他自己的價值觀念。

入門示範：習作內容 → 簡潔表格

首先，我製作了一份學習單，用以示範表格的製作方法，以及它為何好用的原因。這份學習單使用的題材就是「社會習作」！沒想到吧，看起來繽紛的社會習作，內容經過「卸妝」之後也可以轉化成簡約的表格。

這時，讓孩子比較「卸妝前」與「卸妝後」的內容有何不同。他們發現：「卸妝前」的社習內容，用了很多圖畫、人物，雖然看起來很繽紛，卻不容易找到重點；相反的，「卸妝後」的表格可以直接從橫軸與縱軸中羅列出要填寫的項目，這種表達方式毫不囉嗦、一眼就能掌握重點。

範例：

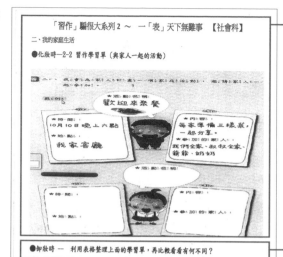

卸妝前
① 這些字眼「活動名稱、時間、地點、內容、參加的家人」重複多次。
② 四種活動的內容彼此分開，很難做比較。

卸妝後
① 把「活動名稱、時間、地點、內容、參加的家人」直接放在橫軸當作標題，不必重複多次。（此為橫式表格）
② 資訊排列井然有序，因而更容易比較這四項活動的差異。

進階活動：社習訊息 → 自製表格

接著，我再請孩子仿照上述的學習單，自行試著將另一篇社習內容改成表格的形式。同時提醒他們，製作表格的基本步驟如下：

1. 從內容裡找出可以當作「橫軸」與「縱軸」的項目。
2. 推斷「橫軸／縱軸」各需多少格數。亦即，橫向應該要有幾列、直向要有幾排（欄）。
3. 將對應的資訊填入格子裡，完成這份表格。

訓練孩子親自去製作表格，讓他學習如何從最上位的角度判斷各項訊息的歸屬，也間接強化了邏輯思考的能力。

橫向深究：分類表格 → 重塑人物

整理資訊，只不過是表格被應用在社會科學習的「前菜」而已，「主菜」現在才要登場呢！我們可以利用表格，更深入的探討政治、經濟等人為影響。以「歷史人物」為例，表格除可摘錄課本裡的文字敘述，還能提供更多元的視角去引導學生思考、評論。（此部分的進階內容，可參考下一篇文章）

STEP 1 ▶ 五卡＋讀寫板：整理人物故事

歷史人物不該是冰冷、無趣的。我們可透過故事來還原歷史，還可適時的推論他的性格與事件發生時的情緒，以便更客觀的評論其作為。

如果課程比較趕，不妨選幾個人物當代表。例如朱一貴，

▲ 在印製好的「五卡板」，用白板筆圈出朱一貴的性格、情緒與行動。

「養鴨人竟然可以揭竿起義！」巨大反差正好成為學生分組討論的案例。

五卡板與讀寫板是特製的小白板，上面針對這次教學內容印上我事先擬好的表格。每個孩子一人發一份，請他們先自行討論。再將討論所得在五卡板圈選、於讀寫板的表格填入各項欄位。

這個方式可留住孩子分組討論的成果，也為接下來的「筆記」暖身。

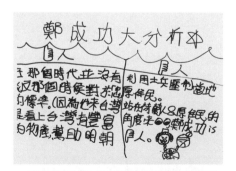

溫老師讀寫板		姓名：
事件背景		清初，高雄內門，朱一貴養鴨很厲害
問題衝突		官吏剝削，群眾想反抗政府
解決歷程	情緒感受	憤怒．無奈．抓狂．害怕
	人物性格	果決．剛強．聰慧．正義．自大
	解決行動	面對．洞察．攻擊．挑戰．征服
結果迴響		被清廷平定，並加預防禦，蓋鳳山城
讀者觀點		才打贏了一次，就洋洋得意，難怪會被陷害，真是不值得！我不想學他。
讀者觀點		我認為，因為…　　我預測，因為…　　我質疑，因為… 我喜歡，因為…　　我期待，因為…　　我不同意，因為… 我同意，因為…　　我推斷，因為…　　我的結論是，因為…

▲ 接著在「讀寫板」寫出朱一貴的時代背景、衝突等細節，並加入自身觀點。

STEP 2 ▶ 影片引導：更全面的認識歷史人物

除了課本，老師還可以提供更多的補充資料，幫助孩子從不同的詮釋、評論中學會用更客觀的角度看待歷史人物。

1. 看影片，提供另一種觀點

我在課堂播放由臺灣吧（Taiwanbar Studio ）製作的網路影片《 鄭成功是在成功什麼啦？》並適時的暫停播放、穿插口頭說明，引導孩子注意那些隱藏在影片內容中的另類觀點，比如：鄭成功來台之後「先是下鄉搶錢搶糧」「還派軍隊殺光不服從的原住民部落」等教科書並未提及的史實，讓孩子有機會在教科書提供的有限觀點之外，能以更多元的視角去認識這位歷史名人。

▲ 看完影片之後，請孩子從性格分析的角度，在小白板寫下自己對鄭成功的看法。

2. 表格分析，揣摩歷史人物的性格與行動

看完影片之後，請學生在小白板寫下自己對鄭成功的評價。我要求他們分別從「好人」「壞人」的角度去探討鄭成功這號人物：他做了什麼行動所以是「好人／

壞人」？他為何要這樣做？這跟時代背景、他自己的性格或情緒感受又有怎樣的關聯？

STEP 3 ▶ 學習單：把統整表格變成考前複習

該單元還提到了好幾位歷史人物，全都依循相同模式來引導孩子認識他們：老師講解課本內容→ 提供教師手冊裡的補充資料 → 搭配「台灣吧」網路影片的逐段講解。

介紹一遍之後，我發下學習單請孩子填寫。這份學習單為直式表格，欄頭的標題分別呈現：❶ 基本資料、❷ 影響後代的事蹟、❸ 年代、❹ 人物性格、❺ 我對此人的評價、❻ 外形推論（大頭貼）。透過表格形式，能更清楚呈現這些歷史人物的重要資訊，以及他們彼此之間的關係。填寫這張學習單的任務，不僅可促使學生自主的閱讀課本、從中摘錄出各項事件的重點，還讓他們有機會加入個人評論。

最後一欄要求他們畫上「大頭貼」（自己想像該位歷史人物的外型），在揮灑自我創意、增添習作趣味之餘，更加深了他們對這次學習的印象。

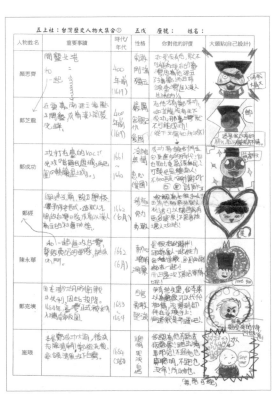

▲ 孩子親自找資料、思考，再一筆一畫做成這份融合主、客觀視角的表格。

破解困境：搭配地圖與考題的筆記

課文滿是知識性（記憶性）的概念，看起來每個都是重點，這個事實卻造成孩子學習上的困境：一片混亂、完全記不住……

當孩子熟悉表格的基本外型與功能之後，就可以帶領他們用表格去梳理那些讓人錯亂的訊息、化解上述的學習障礙。以五上社會課本「台灣史前時代」這個單元為例，裡頭介紹了長濱、圓山、大坌坑、十三行這四種史前文化，由於課文是從食、衣、住、行、育樂逐項說明。這樣的說明文體非常適合轉化成更簡潔、易懂的表格。

做法很簡單！只要讓孩子自行閱讀課文，再請他將自己抓到的重點填入表格，如此一來，他就能掌握到該單元的重點了。這做法不僅能讓孩子自主的消化、吸收課本內容，也方便他們在考前自行複習。以下是此套做法的完整版步驟。至於融入地圖筆記的教學內容，您也可以參照上一篇文章。

STEP 1 講述概念

老師利用看影片、閱讀課文跟補充課外資料的方式，講述概念。此步驟要確認孩子真的已經讀懂課文內容。

STEP 2 發展表格

老師提供事先設計好的表格，請孩子自行從課文內容中摘出要點，並將這些重點進行分類、填入對應的表格欄位。

STEP 3 導入地圖

發下「空白台灣地圖」，請孩子在地圖上標出各個文化的分布位置。除了用文字做註解，也可以用圖像來呈現。

　　將表格、地圖跟相關考題黏成一大張特製版學習筆記。一目瞭然的視覺
呈現，可幫助孩子來回核對各項資訊、進而找出解題的答案。

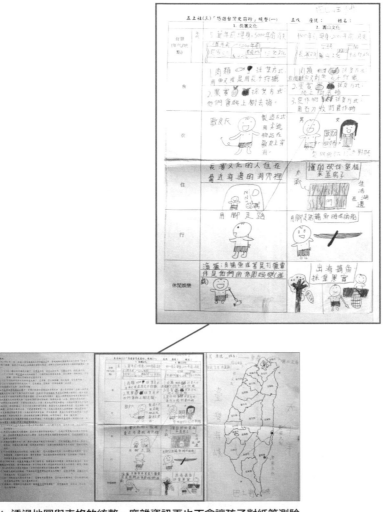

▲ 透過地圖與表格的統整，龐雜資訊再也不會讓孩子對紙筆測驗
　感到心慌意亂。

愛上歷史！打破單一觀點，重新認識劉銘傳

課例示範 　翰林版五下《社會》第一單元「清末現代化的建設」

預計成效 　深究單一人物，重組課本裡那些稍嫌片面的知識，深入
　　　　　　　了解時代背景以及人物之間的關係。

社科知識

地理	歷史	心理	經濟	政治	法律	素養
	✔	✔				✔

學習型態

參觀訪問	蒐集資料	筆記整理	欣賞體驗	討論報告	實作練習	調查分析	省思寫作
		✔	✔		✔		

核心素養

A 自主行動			B 溝通互動			C 社會參與		
A1 身心素質與自我精進	A2 系統思考與解決問題	A3 規劃執行與創新應變	B1 符號運用與溝通表達	B2 科技資訊與媒體素養	B3 藝術涵養與美感素養	C1 道德實踐與公民意識	C2 人際關係與團隊合作	C3 多元文化與國際理解
✔	✔	✔						

學習單 & 課堂歷程下載

✷ 溫老師對社會科教學的想法

翻開五年級社會課本，清領時期約兩百年，形形色色的英雄相繼登場。他們或是起義反抗，或是開墾、經商、治理地方……猛然蹦出這麼多號人物，對學生來說，光是要搞清楚誰是誰就夠苦悶了，還要為了考試去記下這些人的生平事蹟，沒被嚇壞也留下了不良印象。難怪一堆孩子討厭歷史！

其實，我們若能活化人物形象，孩子對這些歷史人物的印象就會變得鮮明，從而不再抗拒學習。然而，課本中對人物的描述往往只是「一言堂」，提到的資訊也不足以反映人物的清晰樣貌。

以劉銘傳為例，他在清領後期對台灣的建設不僅多且影響深遠，後人傳頌與歷史課本也多給予正面評價。但，你知道他是什麼樣的性格嗎？他到底是抱著什麼樣的使命感，才會在為時約六年的巡撫任內對台灣做出如此多的貢獻？當時他做的事情都獲得大家支持嗎？這些問題，課本不會有答案。但是，我認為有必要去追索這些課本之外的答案。因為，它們能重現劉銘傳這個人物的形象，而歷史人物對於心智尚在成長階段的孩子是絕佳的素養教材！

1. 從歷史名人的行事模式，得出處世的「成功學」

台大歷史系教授呂世浩曾在《秦始皇：一場歷史思辨之旅》這本書寫道：「歷史教導人們如何從前人發生的無數案例中分析事情，了解成功和失敗的道理。」我十分同意這個觀點，也希望孩子能從課本中學會的不只是名詞的背誦而已。

我希望他們能對那些人物在當時的時空背景下所採取的行動、解決問題的策略，做一番評論與反省。設身處地去體會對方的遭遇、去設想他做出每項決策時需要背負哪些風險跟責任……甚至進一步反思：如果我是○○○的

話，能用什麼方式去應對？最後，我還希望孩子學會評斷歷史人物的性格與決策的能力。

2. 透過歷史人物，挖掘出更真實、生動的時代背景

▲ 從劉銘傳這位人物，我們可解讀出列強侵華、湘淮派系鬥爭以及更多的時代背景訊息。

此外，從「單一人物」切入也是探索歷史的絕佳途徑。雖然，我們礙於教學時間有限而難以深入分析人與時空背景的關係；但也能透過某位人物的行事、遭遇、當時評論，拼湊出一個比較全面、細膩的時代樣貌。例如，劉銘傳任台灣巡撫之時並未獲得所有人的支持。原因除了他的個性與做事方式引發爭議，也與當時官場險惡有關。

劉銘傳出身淮軍，跟劉璈等湘軍將領多有嫌隙，後者在他的官途屢加陷害、並惡意干擾他在台施行各項政策──我們若放大視野來審視，就會發現：派系鬥爭，正是清末國力加速衰竭的內因。

從「人物」可以帶出時代背景，讓孩子對這段歷史更有感覺。若能試著從當時人們的角度來思考事件的前因與後果，歷史脈絡就會變得更清楚。當人物不再只是個被迫硬背的名詞，想要搞清楚誰是誰、記住某人的事蹟與其影響……就都變得不難了！

溫老師這樣教社會課

我們這次就試著從單一人物的角度切入清末台灣的那段歷史吧！我選

了大家耳熟能詳的劉銘傳，從他推動台灣近代化等事蹟，去理解當時的台灣社會、清朝政局，以及東亞諸國跟西洋列強的情勢。

認識劉銘傳：人物故事 → 情意思考

從課本的敘述中，我們可看出劉銘傳在交通、軍事、通訊等方面對台灣的貢獻。但，這些描述只是「結果」，不涉及「前因」。學生對這位「台灣現代化之父」只能停留在名詞背誦的層面，難以產生情感與想法，遑論對那個時代背景能有進一步的理解。

STEP 1 ▶ 從課本跟影片建構劉銘傳的立體輪廓

光靠課文描述是不夠的！我特地尋找一部影片當成補充資料，讓孩子知道劉銘傳因為什麼樣的因素來到台灣、他在台灣如何的投入各項建設。影片以戲劇形式重現這些史料的片段，逼真的演出讓人感同身受。有了影片的輔助，孩子更能投入當年情境，逐步拼湊出這個人的外貌、性格等角色特徵。當然，在看影片的過程中，別忘了要讓學生「有事做」（做筆記）！

STEP 2 ▶ 透過文章與口頭引導來增添人物張力

「劉銘傳竟然是被逼走！他離開台灣之後，回到老家過得如何？」看完影片，孩子既驚嘆又好奇。我也點醒他們這項事實：在清末的腐敗官場，劉銘傳竟然果斷的利用跟商人合辦國家建設（鐵路）的方式籌到資金。進而引導他們就此發想：「這麼創新的商業思維，代表他具有怎樣的性格呢？」「他的成長過程又如何造就不屈不撓的個性呢？」經我這麼一說，全班油然興起「好想認識這個人」的慾望。

於是，我發下一份課外補充資料。這份資料從好幾篇網路文章整理而成，包含了劉銘傳從出生、成長到過世，人生各階段的重要經歷，內容分成 12

個章節。由於這種程度的文章對五年級來說略顯艱澀，所以我花了一些時間在課堂上從頭講一遍給他們聽。

老師發揮「戲胞」的時刻到囉！我以說書般的戲劇性口吻吊住孩子的注意力，讓他們明白：劉銘傳當年擔任台灣巡撫其實承受了不少壓力。光是「重整田地」（清賦量田），就損害到許多台灣鄉紳（地主）的權益；所以當時民間有很多人對劉銘傳非常不滿。其實，他在升任台灣巡撫之前就曾得罪不少人。法軍侵台之際，劉銘傳選擇棄守雞籠、加強滬尾的戰略遭到很多官員反對，其中還包含淮系將領的「自己人」；屬於湘軍陣營的下屬則頻頻扯後腿，甚至煽動原住民來搗亂。這些「前因」導致了劉銘傳一上任台灣巡撫就被保守派跟既得利益者不斷圍剿。但，這些都無法阻止他堅持自己想法。劉銘傳在百般困厄中積極推展多項建設，最後還沒做完就被迫辭職，告老還鄉。「四年後，他在病中聽到台灣因甲午戰敗而割讓給日本，憤而吐血，從此臥床不起，一個月後就過世了！」孩子聽到這樣的結局都很憤慨、傷感，也對劉銘傳又增添了幾分敬意。

STEP 3 ▶ 剪貼文章內容，製作「劉銘傳小書」

此時，上述的課外補充資料就派上用場了。我請孩子自行閱讀這 12 個章節，並將這些內容黏貼在空白小書裡面的相關位置。當然，他們也可自由的在小書裡面加上插圖，最後還要寫下自己對劉銘傳的評論與心得。

在這個過程中，許多孩子意外發現：劉銘傳在台的措施竟然影響到如此多的人！像是「開山撫番」必須殘忍的用武力去逼迫原住民就範，財政改革方面的國營公賣政策，也影響到台灣原有的產業結構……這些理所當然的整治，並不是輕輕鬆鬆想整治就能整治好的，若不是劉銘傳個性鐵血、果斷、自信，不怕得罪別人，當時的台灣也不可能領先全大清帝國、成為唯一一個邁入現代化的省分。

當然，劉銘傳也有投機的一面，也會陷害別人、搶功、對下屬暴虐……就讓孩子看到各種面向的劉銘傳吧！把課本上的「偉人」「英雄」請下神壇，成為貼近真實生活的凡人，我們才能用更寬宏的眼界去看待他以及他背後的那段歷史。

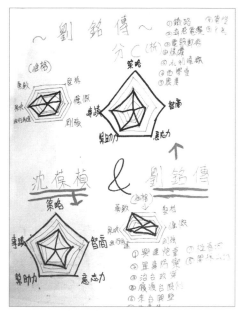

▲ 沈葆楨跟劉銘傳這兩位先後來台的最高長官，前者仕途順遂，後者波折不斷。有孩子在自己編寫的小書分析他們的性格。

統整劉銘傳事蹟：
人物故事 → 考試答案

幫孩子建構了對劉銘傳的主觀感受，面對即將舉行的期中考，我們的學習仍得回歸課本。我利用「年表」和「空白台灣地圖」來協助孩子整理劉銘傳的相關資訊，讓課本重點變得一目了然。

STEP 1 ▶ 建構劉銘傳大事記

請孩子自行從文章、影片和課本陳述中，建構出劉銘傳的生平資料與人生重要經歷。尤其是來台後的各項建設，可多加著墨。在將這些單一的「名詞」串成「故事」，以「表格」的方式呈現，便更能理出這些名詞的前因後果以及歷史定位。我發下學習單，請孩子在這張年表的欄位填入各項事件的簡要資訊。

STEP 2 ▶ 繪製劉銘傳事蹟分布圖

接著，用一張「空白台灣地圖」呈現劉銘傳在台灣的各項建設，例如，

北部有雞籠的海門天險砲台，就在基隆港南邊的位置畫出一座砲台；劉銘傳籌建全台第一條載客用的鐵路，就在圖面上從基隆到新竹畫出清領時期完成的路段……這些圖示，都要在一旁加上附註，說明它的重要性、建設的前因與後果（影響）等資訊。

如此，只要憑著一張地圖，就可囊括所有建設的重點，劉銘傳對台灣的深遠影響也就清楚印在孩子心中了。

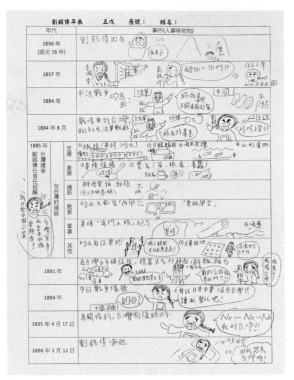

▲ 這份劉銘傳年表，除記錄他的一生事蹟，也容許孩子加入插畫，以強化對人物的印象。

智琪老師的觀課心得

我小時候很喜歡上歷史課，因為可以把課文內容想像成一篇篇的故事，有趣又動人。然而，跟著課本去背誦何時發生什麼事、誰做了什麼、地點在哪……學到的只是片段，彷彿台灣的過去只能被切割成一段段的事件、被支解成一個又一個需要背誦的名詞。歷史，從此失去了打動人心的成分。

我對此惋惜，卻沒留意到：事件之間往往彼此牽連，而且，過於零碎的資訊則無法呈現歷史樣貌。就以劉銘傳來台灣推行各項現代化建設為例，這

看起來似乎只是台灣這片土地的事，與大陸無關，其實並不然！這件事之所以會發生，還涉及了長年來湘軍和淮軍的派系鬥爭、人與人的恩恩怨怨，時代背景則是列強（包含當時正在崛起的日本）正欲瓜分中國的覆亡危機。

當我跟著溫老師去解讀這段歷史，才發現：歷史才不像課本寫的那樣單純！它暗藏了許多人性、時代趨勢與思潮……這些又引發了當時人們的煎熬，也激起他們的自尊，促使他們做出各種決定。

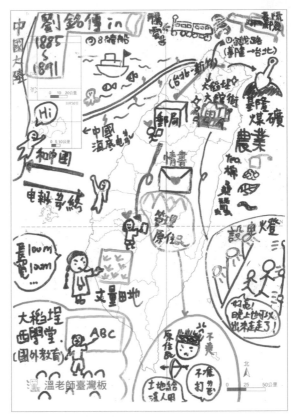

▲ 從課文找出那些可對應到特定位置的建設，以圖文呈現的方式製作地圖筆記。

劉銘傳不該只是「過去式」的歷史名詞，而是一個值得後人隨時用以反思的「現在進行式」範例。帶領孩子跟著劉銘傳的腳步走過他的一生，我們可以學習他的韌性、解決問題的智慧，也可以試著去理解他承受的壓力、委屈與痛苦。突然之間，這位歷史名人變得如此親切，不再只是被敬奉在高處、神聖不可攀的「英雄」或「偉人」。

這樣的歷史課，真是充滿了人情味呀！

用白板做筆記兼布置教室，知識、素養一路通

■ **課例示範**　適用於五年級各種版本的社會科與國語科多篇課文

■ **預計成效**　利用大白板來快速布置教室，同時兼顧了摘錄課文要點、小組分工合作的雙重學習效益。

■ **社科知識**

地理	歷史	心理	經濟	政治	法律	素養
✓	✓					✓

■ **學習型態**

參觀訪問	蒐集資料	筆記整理	欣賞體驗	討論報告	實作練習	調查分析	省思寫作
		✓			✓		

■ **核心素養**

A 自主行動			B 溝通互動			C 社會參與		
A1 與身心素質自我精進	A2 系統思考與解決問題	A3 規劃執行與創新應變	B1 符號運用與溝通表達	B2 科技資訊與媒體素養	B3 藝術涵養與美感素養	C1 道德實踐與公民意識	C2 人際關係與團隊合作	C3 多元文化與國際理解
	✓	✓	✓				✓	

■ **學習單 & 課堂歷程下載**

✿ 溫老師對社會科教學的想法

「教室佈置」也可以成為教學的一部份喔！而且，不管是什麼科目或班級活動都能與之結合；甚至連在正課時段也能讓孩子邊佈置邊「詮釋知識」。這樣做有什麼好處呢？

Bonus1. 培養學生做筆記的能力

如果我們仍停留在以「老師講述、學生聆聽」為主的學習模式，那麼，孩子就永遠不會扛起「自我消化、詮釋教材」的責任。我希望他們能學習如何去轉化教材內容，並在反饋時可以熟練的運用圖像、文字、條列式分析或表格等多元形式。

此時，大張的白板即是相當有用的實踐工具！這項輔具的最大樂趣在於它可供多人分工合作，讓每個人都有機會發揮所長：有人畫出相應的圖示、有人找重點、有人紀錄……。而且，白板的易塗寫特性可減輕孩子下筆前的焦慮。反正隨時可擦掉，寫錯了也不怕。

另外，社會課本的知識往往分散在文字或圖說裡；用白板（包含空白地圖板）來做筆記，可幫助孩子統整、重現這些訊息的脈絡。而且往往還可因此發現班上學生的天賦與特質，比如，整理筆記、繪畫、版面編排、指揮組員分工合作或領導大家一起發想點子等能力。這不但讓老師有機會更深入認識學生，還可幫孩子找出自己的天賦、未來更值得努力的方向。

Bonus2. 將課本知識融入生活

在教室的空白牆面陳列這些學生的圖文創作，不僅讓他們有機會發表自己吸收、理解的課本知識，還能隨時比較其他同學是怎麼去詮釋相同訊息的，也順道觀摩別人精彩的筆記策略。

Bonus3. 跨科整合，可彈性調整科目內容

讓各種形式白板成為教室佈置的元素，這樣做還有個好處：老師再也不必絞盡腦汁去設計牆面啦！只要把責任交給孩子，這些牆面就是讓他們發揮創造力的塗鴉牆：由孩子 100% 參與設計、親自動手繪畫，而且，這些作品還順便融入了教學成果！

這些因應課程而使用白板做筆記的學生作品，留住了教學歷程，也讓孩子能隨時回顧自己的學習軌跡！不管是理性的數學、溫馨的語文課、感性的社會……教室隨著不同「展期」，呈現出不同的風格與趣味。

貼近現實的教室布置，最好能兼具以下要點：

1. 不要為滿足上級檢查，為布置而布置
2. 省時省力，不必大費周章，絞盡腦汁
3. 孩子作品是主角，老師不要喧賓奪主
4. 提供讓孩子回顧自己學習軌跡的機會

溫老師這樣教社會課

五下社會課程，我們繼續探索清朝末期對台灣的影響。然而，課本裡散落著許多資訊，每一項看起來都很重要，但又弄不清它為何重要。面對這樣的迷障，學習不得要領的孩子總是唉聲嘆氣。

三步驟，將課本知識化為圖文筆記

其實，只要透過「地圖板」來歸納、整理，原本很呆板的知識課程就會因為有輔具介入，瞬間成為最受歡迎的一堂課。結束之後，這些作品又可成為最佳的教室布置。

我在課堂上播放出版社製作的輔
助教學動畫，再適時搭配口頭的補充
解說。看影片的時間當然不能讓孩子
手邊閒著沒事做！我請他們拿出小張
（A3）的地圖板，邊聽旁白邊記錄。
這麼一來，第一課「清末現代化的開
端」看似如文字叢林般散亂著各項重
點資訊的課文，立馬有了脈絡與適切
位置。例如：「西元 1860 年代，外
國勢力迫使清朝政府開放台灣的雞籠
（今基隆）、滬尾（今淡水）、安平（今
台南）與打狗（今高雄）做為通商港

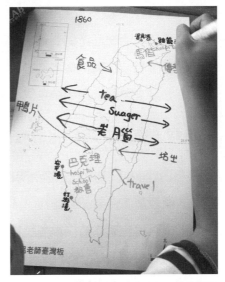

▲ 在空白台灣地圖的大略位置記下事件的摘
　要，時空脈絡一目了然。

口」這段敘述與其用文字摘要，不如將重點記錄在地圖上，一目了然。

第一堂課的練習就像拉了粗胚，接下來的第二堂課則讓孩子以往累積下
來的能力獲得進一步的具體呈現！

班上學生分成了幾個小組。這次我請他們拿出課本，由每一組自行抓出
重點，並將之寫、畫在大張（全開）的地圖板。

大型圖像刺激了孩子的視覺，集體創作則引發了自在、歡愉的學習狀態。
已愛上用地圖表現的孩子，很迅速的畫出「圖例」，活脫脫像個「地圖小達
人」。課堂呈現一片彼此合作、交流的活絡氛圍，不時有笑聲隨著分配工作
或討論的細語迴盪在教室裡，這是春天午後最美麗的課堂。

STEP 3 考卷：自己用來驗收學習成效的遊戲

雖然我極不喜歡測驗卷這種很制式的評量方式，但這回不同，因為孩子也想看看這次活學活用的學習模式能否戰勝傳統的紙筆考試。結果，他們這次很愛寫考卷，也覺得根本不必再看課本找答案了；因為，用地圖板整理之後，這些課文重點就深深留在腦海裡囉！

三步驟，將圖文筆記化為教室布置

以空白台灣地圖板來整理台灣近代史重要事件，孩子不必生吞活剝的死背，就能輕鬆愉快的記住年代、事件、地點、人名等資訊。事實上，除了空白地圖板，其它形式的白板也是統整繁瑣文史資訊極佳的輔具 —— 而且還可應用在別的科目！

孩子用這種輔具讓創作出圖文並茂的學習筆記，正好可用來布置教室。以下是我發展出來的一套手法。

STEP 1 創作筆記

這種圖像思考的圖文筆記，有兩種創作模式，老師可視狀況選用。

1. 小組合作

全班分組過後的孩子，就讓他們自由的或坐或趴在地上圍著大張地圖進行集體創作。

2. 兵分兩路

班級若要布置整面牆，不妨採取此法，可同時獲得小幅的個人作品與大張的集體創作。此時最好由老師指派工作。一部分學生合作繪製大白板；白板事先貼在布告欄上，孩子站著畫；另一部分的學生則在位置上進行個別創作。指派人選時，老師不妨採取彈性輪流的方式，讓每個孩子都有機會創作「壁畫」；也可以依據孩子的性格特質（例如內向或外向），決定讓他要獨立作業或是與他人合作。

孩子完成大白板或小白板的創作之後，就輪流上台報告自己筆記的重點。我通常會在正式進入教學之前的預習階段進行上台報告的步驟，因此這就像讓是各組發表自己預習的成果。老師可針對孩子的迷思或不明白之處進行指點，讓學習更聚焦在「孩子真的不懂的地方」。

STEP 3 成為佈置

把作品貼上布告欄，讓孩子時時觀摩作品，讓學科知識更貼近孩子的心。老師也終於不用再耗費苦心的布置了，把一切交給學生，又能達到筆記能力的訓練。

白板筆記，應用在不同科目的方式

社會課，彙整台灣史地要點

1. 觀影片

先請學生在自己的小白板用筆記下影片內容的重點，再將這些資訊移至大張小白板進行統合。這時也可融入課本內容。

2. 看課本

由老師指定孩子直接閱讀某頁或某個單元，讓組員共

▲ 用地圖做筆記，立即在腦海中建構出這些山川海洋的相對位置關係。

同完成作品。過程中各組可依章節內容、每個人的能力分配每個人的工作內容。例：史前時代筆記，A 負責「食」、B 負責「衣住行」……

3. 可針對單元重點主題決定要用哪種形式的小白板

例：台灣地理、清領時期歷史可用「台灣板（上面有台灣地圖的小白板）」；劉銘傳與沈葆楨的比較可用「表格表現」；分析史前時代的食衣住行可用「樹狀圖」或「表格」（給各組空白大白板，讓他們自由發揮）。

國語課，進行課文的預習、摘要等練習

小白板的應用，在我先前的著作如《溫美玉備課趴 2》皆有介紹。

1. 預測課名

先不讓孩子看到維梅爾的這幅畫作，請他們在聽到「讀信的藍衣女子」課名之後，自行想像並在大白板或小白板中畫出藍衣女子的外型、她當時位於怎樣的空間與位置等，接著開始從這樣的圖像中建構自己想像中的藍衣女子形象（遭遇事件、情緒、性格）。

2. 課程筆記

課文「耶誕禮物」中，討論故事中讓「婚姻圓滿的要素」，並從課文中找線索（哪裡符合），用表格形式筆記紀錄。

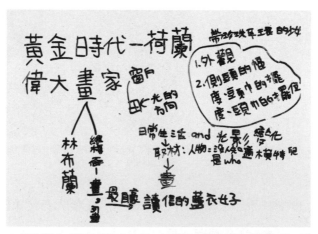

▲ 配合課文「讀信的藍衣女子」播放介紹畫家維梅爾的影片，孩子用小白板詮釋影片重點的筆記，也能成為布置教室的元素。

班親會，用學生創作來布置教室的妙招

開學初，孩子還沒產出足夠的作品，班親會卻迫在眉睫。若不想讓教室感覺空洞，又想讓家長對老師留下創意活力的印象？那就讓小白板幫你創造奇蹟吧！

先給發給孩子每人三片小白板，接著說明以下任務：

1. 畫自己＋介紹自己的特質、性格

2. 畫家人＋介紹家人（性格、職業等均可）

3. 寫一段感謝爸媽的話，並說明自己在溫老師班上學習的狀況

當孩子完成之後，就把他們的作品依序貼到布告欄、前後的大白板，讓童稚的圖文環繞整間教室。純白的小白板讓教室看起來更明亮，這也比傳統用圖畫紙來畫畫的方式更為省時、方便。除讓孩子有參與感外，也讓家長進到教室能夠眼睛一亮，欣賞自家寶貝的作品之餘，還能順道認識班上其他孩子，真是一舉數得。

智琪老師的觀課心得

「很好玩，畫完之後，好像更課本內容在講什麼了！而且看到自己的作品很有成就感。」學生經過這次整個小組一起用大白板做筆記的體驗之後，莫不興奮且對以往視為洪水猛獸的課文頓感親切起來。

這次觀課經驗也震撼了我。很難想像，原來學習不一定只能坐在自己的位置上，每個人也可以到不同定點同時進行不同任務：有的人待在小組裡分工合作作畫；有的人則獨立一角自行琢磨……，而且，公然站在布告欄前自由的揮灑創意，這是個少有的體驗！我覺得，這樣的教室很活、很自在，也很有效——因為孩子根本沒什麼時間分心，只要一分心就聽不到老師唸的內容了，誰捨得啊！

我發現當孩子能使用「大白板」創作時，往往非常興奮。因為，當從「老師講，學生聽」的單向傳播模式，變成學生「可坐可站可趴」「可以自由交流」的工作狀態了。

而且，無論他們寫什麼畫什麼，溫老師都不會說你錯了，也不會說這樣排版不好。也因為整個學習環境保持完全開放的態度，最後每組創作出來的作品都能獨一無二，貼在布告欄上才能顯現最亮眼、繽紛的魅力。

在素養中，這樣的課程滿足了「人際關係與團隊合作」這項指標：由孩子自己作主、自由分配工作、共同達成目標；同時也滿足了「規劃執行與創新應變」，當孩子能找到自己在團體合作中的位置，不管是為了查資料、找出筆記重點、繪製插圖、承擔領導之責指派工作……他們都能更覺察自己的專長，除了學會執行一件任務的流程之外，也意識到自己在團體的地位，這是最實際的自我探索平台。當然，在創作這種白板作品的過程中，也要運用創新思考能力，因應任務！

讓教材內容也能轉化成布置教室的材料，這種做法不僅經濟實惠、緊扣住孩子的學習，最棒的是：老師再也不用煩惱如何布置教室了！

Part **5**

特別篇
那些課本沒提
卻很重要的學習

課本上的道理很重要。

但是，許多更重要的道理卻在課本之外。

這些道理能夠讓孩子 ——

現在身為子女或學生，表現得更懂事、貼心；

未來到社會，成為能力更佳、人緣更好的公民。

它們不能被評量，卻攸關孩子的一生幸福。

它們很難被歸類，但可隨時隨地進行培養。

它們就是 —— 核心素養！

看影片，
自我覺察＋省思寫作的另類學習

課例示範　翰林版六上《社會》第二單元「生產與消費」；康軒版四下《國語》第八課「照亮地球的發明家」、第十一課「台灣昆蟲知己——李淳陽」

預計成效　從影片資源中，解析自己對人生順位、人際關係的領悟，加深對自我的探索與了解。

社科知識

地理	歷史	心理	經濟	政治	法律	素養
		✓	✓			✓

學習型態

參觀訪問	蒐集資料	筆記整理	欣賞體驗	討論報告	實作練習	調查分析	省思寫作
		✓	✓				✓

核心素養

A 自主行動			B 溝通互動			C 社會參與		
A1 身心素質與自我精進	A2 系統思考與解決問題	A3 規劃執行與創新應變	B1 符號運用與溝通表達	B2 科技資訊與媒體素養	B3 藝術涵養與美感素養	C1 道德實踐與公民意識	C2 人際關係與團隊合作	C3 多元文化與國際理解
✓						✓		

學習單 & 課堂歷程下載

✪ 溫老師對社會科教學的想法

現在的孩子可真是幸運兒！學習資源不再限於課本，他們可隨時透過網路找到許多補充資料。其中，畫面鮮明又生動的影片更是對了這群 E 世代的胃口。對那些不耐於靜心閱讀的孩子，透過觀賞影片的方式來學習，真的很有幫助！

為何看影片會勝於口頭解說？

看影片的活動本身，不僅能讓孩子感覺比較輕鬆，還能觸發他們一些想法。但，如果過程太輕鬆了，全程都沒有機會靜下心來用文字或圖像表達自己的想法，好不容易被影片觸發的想法就可能恍如過眼雲煙，實在可惜！所以，老師不僅要利用影片來豐富教學內容，更要去思考如何讓影片與「素養教學」掛勾。

我認為，要求學生用文字、圖像來摘要影片內容，這是最基本的練習；此外，還要引導孩子「多想一個問題」。看影片最重要的，就是讓學生有機會「自我探索」，讓外在的影片與自己的認知、經驗、生活場域產生連結。這樣子，看影片這個活動才具有實質意義。

哪種影片適合拿到課堂播放？

至於什麼樣的影片值得成為有用的教學素材？我認為，決定影片有沒有用，不只是內容本身，更重要的是老師如何去轉化、讓影片切入一個「能讓觀眾反求諸己、自我思索」的議題。這次，我以兩部在 YouTube 網站引起眾多迴響的短片為案例，示範如何透過「看影片的活動」引導學生「思考人生重要議題」的教學策略。

溫老師這樣教社會課

四年級下學期國文課本有個「探索與發現」單元，一系列課文介紹了李淳陽、愛迪生等偉大人物如何找到自己的人生任務，並把它放到第一順位，從而適當的調配有限時間，終於使自己在人生舞台發光發熱！課文的結論皆指向：偉人的「自我覺察」與「時間調配」讓夢想獲得實現。

上述道理若只靠著老師口頭講解，這年齡的孩子很難有所領悟，真理到了最後也只能淪為空談。所以，我尋找一些跟人生道理有關的影片資源，希望透過引人的情節，讓孩子比較容易領會這些高層次的議題。

我選了兩部主題迥異、但內容都很幽默又深富哲理的網路影片。第一部影片討論「人生優先順位」的議題，第二部則讓孩子探討情緒以及人際相處的問題。這兩次教學活動，都要求學生在詮釋影片的過程中省思自己，並以寫作形式呈現自己的領悟。甚至回歸課本，評論課文介紹的那幾位人物最後之所以成功的要素。

好影片＋成功人物的案例＝人生哲學課

先前因為王素老師在「溫美玉備課趴」臉書社團分享〈一個罐子的快樂人生哲學〉（A Valuable Lesson For A Happier Life），我才發現這部很有意思的短片。

這部由美國網路名人梅爾凱（Meir Kay）製作的情境劇，據說靈感來自管理學大師史蒂芬‧柯維（Stephen Richards Covey）的故事。片中描述大學的哲學課堂上有位老教授用「裝滿罐子」的比喻，跟學生談論人生的優先順位。影片在 2016 年 5 月 4 日上傳，不到十天就吸引全球超過十億次的點閱率。

這部超夯的影片，內容很簡單，即使聽不懂英文、不看中譯字幕也無礙

於我們領會其中的奧義。一位哲學教授在課堂上示範 ❶ 先將空罐子裝滿高爾夫球，❷ 接著再用小石頭填入球與球之間的空隙，❸ 再倒入沙子， ❹ 最後倒入啤酒。

罐子代表人生。高爾夫球就如同家人、健康等人生中最重要的事；小石頭暗指次要重要的，諸如事業、金錢等外在聲名或物質；沙子意味著人生瑣事。至於啤酒，則是休閒娛樂，不管多忙，都找得出空檔。所以，如果我們一開始就倒沙子或啤酒到罐子裡，這罐子最後就會裝不下高爾夫球、小石頭等重要事物。

因此，做事的優先順序決定你是否會成功。還有，每個人的價值觀不同，所以，每個人認定的「高爾夫球」或「小石頭」可能也會不同；或許有人視事業為「高爾夫球」，有的人卻覺得那不過只是「小石頭」而已。

我希望透過這部短片，讓孩子有機會試著分析自己心目中的人生重要事項，並且學習如何將時間有效率的用在這些重要的事情上。

STEP 1 ▶ **仿照影片，描繪自己的「人生罐子」**

片長約三分鐘，很快就播放完畢了。趁著感動正沸騰之際，我請孩子拿出小白板，依序完成以下任務：

1. 紀錄：請孩子將影片的重點做成筆記，並且用圖文並茂的

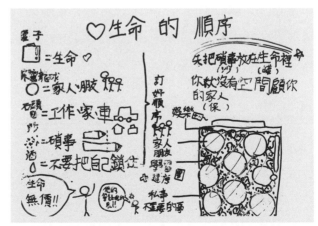

▲ 在小白板用文字與圖像紀錄影片內容，並且畫出自己的「人生罐子」。

方式呈現自己的「人生罐子」有哪些內容（每樣內容代表一件事情）。

2. 反思：不僅要畫自己的「人生罐子」的長相與內容物，還要為這些內容按照重要性排出「人生優先順位」。

利用生命

因:我會叫「利用生命」是因為教受‧對大家說:「先顧好球,在管石子→沙。」

我的生命
求=家人‧學習‧夢想‧健康 60%
巳=朋友‧宗教 15%
少=3c產品‧吵架‧偷懶 10%
配=玩耍‧看書休息 15%

觀點
我推測每一人每一次的排名都不一樣,因為每一年段的重要的事不相同。

▲ 這個孩子用百分比來標註自己心目中的「人生優先順位」。

3. 發表：請每一位孩子輪流上台分享自己的「人生罐子」。要求他們在展現作品的同時加上口頭說明。

STEP 2 ▶ 延伸寫作：一部影片，讓孩子秒懂成功哲理

接著進入寫作階段。這次，改用稿子寫作文。寫作提示的問題清單，引導孩子從影片講述的重點，映照到自我的省思，最後再回歸課文，去探討那些名人之所以成功的要訣。

寫作提示：一堂人生哲學課

1. 簡述影片內容（摘重點）
2. 分析自己人生的「高爾夫球」「小石頭」「沙子」「啤酒」分別是什麼。
3. 想想自己在上述各方面投注了多少心力，是否有需要改進的地方？看完影片，自己的領悟是什麼？

4. 分析愛迪生或李淳陽等偉大人物的「罐子」是如何安排的？他們成功的秘訣為何？

飲料哥大爆走，短劇給孩子的生活教育

另一部則是國內網紅「這群人 TGOP」 自製的影片〈那群人之飲料服務員〉。影片場景是台灣大街小巷常見的飲料店。片中的店員正忙著應付櫃檯前方大排長龍的客人。

有的人不滿店家珍珠已賣完，語氣惡劣；有的人不管排隊順序，硬是要插話問些不經大腦的問題；有的人不注意叫號，自己過號了還怪店員動作慢⋯⋯面對客人的刁難，店員起初還能禮貌回應，但面對永不消退的人潮以及客人層出不窮的找碴，他終於暴怒了，拿著大聲公對著客人宣洩自己的不滿與委屈。

爆笑的情境短劇，點出了服務業者因為「顧客至上」而滿腹辛酸，同時也針砭了顧客若不替別人著想，就會變成各種討人嫌的奧客。類似劇中的情景，其實天天都在我們的教室或生活裡重複播放。擠在櫃檯前方等候店員做好餐點的客人，就像班上近 30 位學生，每天隨時都在等老師給答案、幫忙解決各種問題。

我希望孩子透過這部影片能有機會觀察人生百態、同理服務業者的辛苦，也順勢思考人際相處之道，讓他們反思自己在教室裡的言行。「如果老師是店家的話，那麼，你自己常常扮演的是什麼樣的顧客呢？」我舉例，上課時不專心、插嘴一直發表、愛抱怨⋯⋯這些舉止跟飲料店前面那些奧客，豈不是殊途同歸嗎？

STEP 1 ▶ 從短劇反思日常人際的互動

我從影片情節出發，引導孩子從以下角度，逐步思考自己言行如何影響他人感受。

1. 店員的情緒變化

我們透過全班討論，認為片中店員的情緒變化可分為這六個階段：平靜→煩悶→挫折→生氣→憤怒→抓狂。同時並分析哪些事件促成了店員的情緒變得越來越強烈、負面。

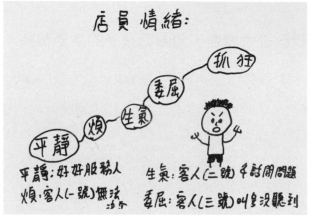

▲ 孩子用自己的理解，以圖文方式摘要影片中店員情緒變化的過程與原因。

2. 分析客人的奧客類型

奧客行為百百種，我們將片中出現的奧客歸納為三種典型，分別命名為 ❶ 插嘴型、❷ 不專注型、❸ 抱怨型。

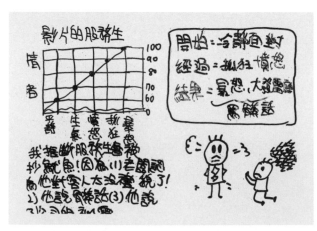

▲ 套用五卡，試著為影片主角的言行下評論。

3. 老師和學生一起反思

我請每個人都思考下列三個問題：

❶ 什麼時候你曾扮演哪個角色？

❷ 當時是什麼樣的狀況？你為什麼會做出這樣的舉動？

❸ 你這樣做，對別人的影響是什麼？為什麼？

STEP 2 觀影有感，寫作不再是苦差事

當孩子在課堂上看完影片，立即以小白板分析店員地情緒、行動及自己的評論；最後，我指定一道題目「飲料哥大暴走」，當成回家作業。我要求孩子在作文裡寫下自身對這部影片議題的見解，也要省思自己在教室的舉止是否也符合「好顧客」（好學生）的表現。

由於每位學生從影片內容抓重點的能力不一，我發現他們的寫法可分成兩種風格，每種風格都各有好處。

1. 善於抓重點的學生，言簡意賅的概述劇情，然後就將重點放在分析演員的情緒變化並加以評論。我想，這次看影片加上寫作的活動，在他腦中產生了相當大的意義。

2. 不太會抓重點的孩子，則是鉅細靡遺的交代劇情內容。儘管評論少了些，但多少有訓練他的「耐心」與處理「細節」的能力。

總之，借助影片在腦中留下的鮮明印象，讓寫作變得更容易上手。老師給孩子空間即興發揮，讓寫作風格不同的孩子都能受益。

看影片，讓師生一起自我覺察＋省思→寫作

最後，我要分享一個讓孩子更有共鳴的小秘訣：看完影片，老師若能適時「自我剖析」，更能激發孩子反思自己喔。

像我就這麼跟孩子講真心話：「我一向把人生順位排得很清楚！『教學』對我而言很重要，所以，其他像是──自己是不是全校人緣最好的老師？是不是最能幹、什麼事都能做好的人？……對我來說就不是那麼重要了。我知道自己經常忘東忘西、畫畫也畫得比低年級小孩還糟，但我一直專注在自己的第一順位『教學』這件事，就會覺得自己人生並沒有白費。」

當老師先開自己一槍，孩子就更有勇氣去探索、剖析自己：那我自己的情況又是怎樣呢？我的特質是什麼？我可以如何調整或改善？……最後，再透用「寫作」來場自我對話，孩子面對文字更能靜下心來思索。最終，看影片的活動不再只是笑一笑就過去了，它還能與自我成長產生一連串的化學效應呢！

智琪老師的觀課心得

　　我覺得，看影片的活動，就像是主科之外的「中場休息」！這樣的活動，創造出「不必親身感受」卻又彷彿「親臨現場」的替代性經驗。它突破了時間與空間的限制，我們得以認識不同文化、想法，或迥異於目前生活圈的事件；也可以聽到他人的獨特觀點。如此方便又快速的讓資訊深入孩子內心的媒介，豈不是科技帶給我們的「大禮」？

　　因為學習內容最終還要考試，孩子每天面對課本不免感到緊繃、沉重，偶爾在課堂播放一兩部影片，對孩子來說就像是從天上掉下來的 bonus。這些經過老師精挑細選的影片，不僅可帶給學生看待事情的全新視野，老師也能藉此讓孩子思考教科書之外的議題，像是出了校門可能會碰到的各種生活情境、待人接物或人生處世哲學等。

　　我很喜歡溫老師讓影片的意義獲得最大化的做法。孩子被要求在看影片的當下得同時用小白板做筆記。這可確保孩子專注於影片細節。看完影片之後也會安排一連串深富人性暖度的主題討論及省思寫作。我們理所當然會覺得孩子不喜歡寫作，但，如果寫作主題是他們大感興趣的影片，看完之後又花了足夠時間討論，成果就不同囉！我們利用午休時間，在全班共同創作的熱烈氛圍，孩子沈浸在有畫面感的影像中，寫作自然變得十分投入又順利。

雖然，單靠一次思索「人生順位」的練習並無法讓中年級的孩子馬上就學會如何掌握優先順位、時時把握時間的真理，也不可能立即讓他們馬上改變自己在教室裡的人際相處模式。但我覺得最有價值的是：他們曾經為了此事深思琢磨、放在心上好好思量，並一字一句紀錄。這樣就夠了！

　　思想是一點一滴慢慢培養的。無論是深入研究每件事的道理，或是把自己放入與影片裡的類似情境來做比較，雖然孩子的行動不一定會馬上獲得調整，但是，想法卻可能慢慢變得更開闊、更豁達。教師能引導孩子從各種教學資源中深思、詮釋，每一次都前進一小步，累積幾年下來，不知不覺也就前進了一大截呀！

5-2

災難新聞也是好教材！
從地震到情感教育

課例示範　無相關課例，此為震災過後為學生設計的心靈重建課程。

預計成效　在接連經歷大地震與媒體轟炸的情況下，引導孩子將負面的恐懼轉化成正向的學習能量與領悟。

社科知識

地理	歷史	心理	經濟	政治	法律	素養
		✓				✓

學習型態

參觀訪問	蒐集資料	筆記整理	欣賞體驗	討論報告	實作練習	調查分析	省思寫作
			✓				✓

核心素養

A 自主行動			B 溝通互動			C 社會參與		
A1 身心素質 與自我精進	A2 系統思考 與解決問題	A3 規劃執行 與創新應變	B1 符號運用 與溝通表達	B2 科技資訊 與媒體素養	B3 藝術涵養 與美感素養	C1 道德實踐 與公民意識	C2 人際關係 與團隊合作	C3 多元文化 與國際理解
✓								

學習單 & 課堂歷程下載

⭐ 溫老師對社會科教學的想法

原應開心團聚的除夕夜，不料卻成為死別的悲劇時刻！ 2016 年 2 月 6 日上午 3 點 57 分，南臺灣一場大地震，導致臺南市永康區維冠金龍大樓倒塌。這場地震是 921 大地震之後威力最強者，而此次維冠大樓倒塌事件死亡 115 人、96 人受傷，受難人數超過當年台北東星大樓。事件過後，電視台等媒體反覆報導這場災難，國人陷入哀傷又恐慌的情緒，久久不能自拔。

震後孩子的恐懼與哀傷，出口在哪裡？

很幸運的，我們學校的孩子在災後全都手腳無缺的繼續上學；但是，那場地震卻奪走別所學校好幾名學童的性命。心理學有個名詞「創傷後壓力疾患」（Posttraumatic Stress Disorder），簡單的講，就是因為過度驚嚇而形成了心理創傷。三己的孩子雖未遭到身體傷害，但由於震央就在台南，每個人都親身經歷了這場大地震。災後沒幾天，寒假就結束了。返回校園的孩子，平時跟同學聊的話題仍繞著死亡打轉，並深深湧起恐懼，覺得地震好可怕。

開學第一週，三己舉行一堂災後重建課

孩子心裡有恐懼、有哀傷，卻不知該如何去撫平。為此，在災難過後的第九天，我在南大附小的三己教室裡利用社會課的時間，帶領這群就住在台南這塊土地上、幾天前才突然經歷天災跟死亡威脅的孩子，從幾個面向去深入釋放他們內心的恐懼：

1. 透過「換位思考」的方式，對死者建構同理心。
2. 藉由寫日記的作業，提供孩子一個描述這場可怕經歷、表達自我情緒的機會。

3. 在班上公開分享日記內容，讓孩子感到自己並不孤單、自己與同儕的恐懼也很正常。

4. 經過系統性思考，學會正視天災的積極心態，並順道了解我們可以如何的預防災難、當自己遇到地震時該如何自保等常識。

溫老師這樣教社會課

下學期開學第一天，我在社會課指定孩子在當天日記寫這道題目：「台南深呼吸——我從地震學會的事！」並請他們思索下列三點：

1. 維冠金龍大樓倒塌事件，讓另一所學校的孩子無法跟大家一樣的迎接開學。如果你是在這場災難中罹難的孩子，你會怎麼想？感受如何？

2. 這些犧牲者帶給其他人什麼影響？促使大家開始正視哪些事情？

3. 反思這場災難，它帶給你哪些啟示？

STEP 1 設身處地，建構同理心並深入事實

在進行寫作之前，我請孩子先來場角色扮演。請他們試著感同身受：「那晚因地震罹難的小天使，你覺得，當他們被壓在瓦礫下的時候，可能會如何的跟死神拔河？」此時，運用「情緒卡」可幫助孩子表達他理解他人的內容。透過「理解」死前可能會面對的事情與情緒，能間接讓孩子不再無限放大對死亡的恐懼。

接著請他們思考：「那些小天使最後還是不幸犧牲了。那麼，他們的犧牲如何對別人產生影響？」我舉例，「比如，新聞報導開始呼籲民眾重視地震求生、注意建築安全……」這些提示促使孩子去思索自己面對地震這種天災，該如何事前預防、當下該怎樣因應的種種措施。建構對這場事件、這類天災的「正知」（理解），能紓解孩子災後的心理壓力，同時灌輸他們

未來在面對這類災害時的應變常識。

STEP 2 融入情境，用寫作來抒發個人感想

我在課堂播放一段音樂影片。這首歌《台南 深呼吸》由高中老師蔡淇華和國中校長張嘉亨聯手創作，歌詞哀悼這場大地震的受害者，也向救災人員致敬。我在網路上聽到這首歌，深受感動，覺得應該要跟孩子分享，並藉此激發他們對這場災難的正向情感。

台南 深呼吸 詞/蔡淇華 曲/張嘉亨

> 那一晚　夜很長　雲很低
> 我們聽見彼此親人的鼻息
> 這一刻　樓睡了　房不起
> 電視說你還在等待天亮的消息
> 以為不變的歲月　日怎會變成夜
> 以為堅固的家裡　天怎會成了地
> 想找你 每雙手都是台南的力氣
> 永康是藏在胸口　說了會痛的祝福語
> 這一夜　整座島嶼都是台南的天氣
> 永康是放在心頭　忍住淚水的深呼吸
> 在最冷的除夕　在眾神的懷裡
> 台南啊　我們陪你深呼吸

聽完這首歌，我們就正式進入寫作階段。我請孩子針對這場事件寫一篇日記，內容就設定成：寫給那些「來不及長大的天使」。除了請他們以類似

朋友的立場來悼念、安慰那些同齡的受難學童，寫作內容還要包括以下幾個重點：

- 自己從這場地震學到了什麼？
- 我們以後面對地震時，還可以做些什麼？

台南　深呼吸 —— 我從地震學會的事

1. 2 月 6 日清晨地震發生時，當時家裡的情況？家人做了哪些事情？你呢？你還記得當時的反應嗎？腦子裡想到什麼？爲什麼？

2. 天亮了，你接收到了哪些關於地震的訊息呢？報紙、電視、網路上有那些報導？你的感覺是什麼？

3. 我們很幸運的逃過這次災難，但是住在「維冠金龍大樓」裡的住戶有 114 人罹難（死亡），這些罹難者當中有不少是還來不及長大的孩子，他們到天上成了小天使；或者，有很多人雖然活下來，他們卻永遠等不到和家人團圓的日子了。請你想想，如果是你，你能想像被埋在瓦礫堆中，會有那些痛苦？心裡會祈求什麼？面對死神在附近徘徊，心裡又是如何想的？

4. 請以朋友（同學）的角度，寫一封信給這些來不及長大的小天使，告訴對方：你從地震中學到了什麼啓示？我們想要感謝他們的又是什麼事？爲什麼？（感恩、惜福、活在當下……）

5. 經過這次的災難與傷痛，你對地震的了解是什麼？我們能夠如何降低死亡機率？

STEP 3 ▸ 交換感受，從團體中獲得支持力量

隔天，全班的日記交上來之後，我趁著孩子記憶猶新，挑選幾篇的片段內容讀給他們聽。

- 那天晚上我好害怕。你被壓在瓦礫下又黑又冷，想必會很痛吧！
- 雖然你不幸離開這個世界，但謝謝你提醒大家注意安全。
- 我們以後應該更加注意，蓋的房子要符合建築法規。

　　孩子聽到同學寫的內容，豁然開朗。「原來你也這樣想啊！」「是啊是啊，我也這麼覺得呢！」這階段的孩子仍保有柔軟的心。據專家表示，孩子在成長過程若有被理解的經驗，將有助於發展健全的同理心。我希望班上的孩子，透過這樣的過程，心理素質能藉此提升、變得更健全。

📖 智琪老師的觀課心得

　　發生在除夕前夜的大地震，讓原本應該團圓的大日子剎那間就籠罩了烏雲。在今年歡度過年、家族團聚的時刻，平安又幸福的我，心裡隱隱為那些因地震而天人永隔的家屬，以及為了救災不顧一切犧牲年節休假的救援人員而牽動著情緒。

　　同時，也因為自己無法為這個災難做點什麼感到歉疚：為什麼是他們承受苦難？在他人受苦的時候我還輕鬆愉快的享受著天倫之樂，我的良心還在嗎？這些意念偶爾會浮出心頭，但我試著忽略它們，好讓自己不帶愧疚的迎接新年到來。

想幫忙卻無能為力，好愧疚！

　　記得大四修習「危機處理」這門科目時，授課的景陽老師曾經用粉專串聯多方人員去協助高雄氣爆現場。他以自身經歷告訴我們：「真正幫助」一個群體，並不是一窩蜂的投注人力與資源，而是設身處地去思考災民的

需求！這次重挫台南的震災，就有一名國中校長透過自己創作的歌曲，唱出了災民的心聲，也撫慰許多跟我一樣對自己無能為力而深感歉疚的人們。此時，我體會到新的「幫助」途徑：雖然自己不能去現場幫助救災，但，像是編寫歌曲這樣的舉動其實也能鼓舞每一位因倒塌事件而受到驚嚇、傷害的心靈。原來，「幫助」的意義其實遠比我們想像的要寬闊許多！

寫下來，放下心中的那些石頭！

一節社會課即將結束之際，溫老師突然要求孩子回家後在日記寫下「心裡的話」：自己對於台南震災的感受；也寫信給這群因地震過世的小天使們，告訴對方：他們的犧牲帶給所有人什麼樣的警訊與提醒？而我們又透過這樣的經驗學會了什麼？

我相信，孩子從寫作中更能感同身受那些地震受害者的心理，進而將這個單純只是場災難的大樓倒塌事件，昇華為超越驚嚇、恐懼與同情，更深層的解讀與再定義。我相信，寫這份作業最有價值的地方在於：孩子歷經反求諸己的寫作過程，對他來說，這場地震將不再只是媒體或眾人不斷反覆提起的事件，而是一個能留下在他們心中的印記。當我們為事件留下了印記，我想，這就會對事件重新建構、重新負責。當眼裡的事件變得不一樣了，我們也就可以放下對這個事件的歉疚，為這場事件立下墓碑，埋葬心中哀悼與痛。

以這場地震事件來說，最基本的學習就是：「自己遇到地震時可以怎麼做？」這種從事件當中領悟到的體認，就如同刻在墓碑上的墓誌銘，從此謹記在心中的角落。當你做到這般境地，就可以放下那些因為這場災難而懸在內心的大石頭了！

台南深呼吸 ── 我從地震中學會的事

內容摘自三己學生日記

　　就在那一晚，很深的夜裡，突然來了個大地震，很多住戶因此而喪失了性命，沒人知道「維冠大樓」還壓著多少性命，我們算是非常的幸運了。就是那一刻，2 月 6 日的地震！我們抱著所有希望，大樓中的住戶正被死神包圍著，有一些人正在跟死神打架，但是，最後還是無法再下去，到最後，還是被死神給帶走了。

　　我們有些人因此失去家人，心中的悲劇和慘烈，如果是我，而死的人是朋友，我會哭、難過和感到恐懼，地震也有很多小學都倒了，我想和天上各個小天使說謝謝！

　　因為她（他）們交給我們的事很重要，地震時，我們應該更小心，要平常做更多準備喔！我媽媽跟我說，如果你被壓在裡面，最需要「水」，因為有水會讓身體可以再撐幾天，如果有食物的話更好，所以，地震前都要做好準備喔！

　　我可以想如果我是你，自己被死神一直一直折磨，死神的手像枯枝，沒有人逃得過祂的必殺技，我躲著躲著，但是我無法逃過祂，死神說：「跟我走吧！成為我的奴隸吧！哇哈哈哈！」那種刺耳的聲音、尖銳的牙齒和可怕的尖手，我大叫了一聲，我說：「我不要！我不會那麼笨！我不要和你走！」我和死神搏鬥了起來，鬥了一整天，我感到很想睡，可是我不能睡，萬一睡我會被帶走的！

　　最後，我笑了一下，眼淚下流，我倒下了，死神把我帶到了死亡的國度，我還能幸福嗎？

家長回響

開學的第一天，溫老師出了一則日記的題目：台南深呼吸—我從地震學會的事！放學後孩子一見到我，馬上就問「媽媽，妳有聽過《台南 深呼吸》這首歌嗎？」我搖搖頭，她又接著說「老師要我們寫卡片給那些在地震中來不及長大，當了小天使的人……」我沒有仔細聽她接下去到底說了什麼。因為，好不容易平靜下來的心，再次被那些倒塌樓房、哭喊絕望的畫面翻攪著。

晚餐後，我打開孩子完成的日記，閱讀老師引導寫作的救命小紙條，回想起這次大地震，以及接踵而至的農曆春節，突然才驚覺自己遺漏了很重要的事！2 月 6 日地震發生後，我幾乎沒有 take care 過我自己的情緒，因為準備過年團圓年菜等事務，不容許我停留在震驚及悲傷中。因為假期，孩子們大量面對各種媒體播報震災死傷的畫面及訊息；也正因為正值春節假期，大人也或多或少的顧忌著，或是為接待遠方親友而忙碌著，我們竟然都沒有與孩子談一談她們的感受——以及我們自己的感受！

我記起除夕當天，兩個孩子的情緒非常波動，氣氛一觸即發，讓已經很緊繃的我理智幾乎要斷線，一直到我們返回玉井與親友們團聚才終於恢復平靜。

我也猛然驚覺，妹妹上個禮拜幾次半夜驚醒，可能不是我們以為因感冒導致身體不舒服；其實，更可能是因為她的恐懼及悲傷一直沒有被處理，藏在潛意識裡，以夢魘提醒著我們……只是，遲鈍的我們竟然還是沒有發覺。

「沒有被好好整理對待的情緒，不會自己消失，總會以某種形態繼續影響著我們！」這原是我明白的道理，是以前上課時錢玉芬老師常提醒我們的。沒想到，忙碌的生活節奏還是讓我遺忘了……我以為，永大路恢復通車之後

恩予媽咪

一切都要恢復平靜了！

　其實，我哪是真的平靜呢？我以為眼光現在要聚焦在城市的重建，好好檢視住家及城市的安全，期許未來不再發生這樣的憾事。沒錯，外在事物的重建很重要；但，在我們心中一起被震壞的平安、踏實，以及信心，是不是更需要重新堅固起來呢？

　我感謝老師鼓勵孩子以寫日記的型態和自己對話，條列式梳理自己的情緒。無論孩子能做到多少？能說出多少？都是在釋放自己的情緒。事實上，我好羨慕三己的孩子，其實我們這些大人更需要花時間好好寫出這篇「日記」啊！這世界上我們能掌握的人事物，太少！有些人甚至連好好說聲再見都沒有機會。

　願我們都能花些時間，和自己，和孩子，聊聊這次震災的感受和想法。也可以和三己的孩子一樣，寫張卡片給不幸罹難的人們，表達自己的不捨及感謝。

5-3

那年夏天，學生自己規畫 執行了一場簽書會

課例示範　無相關課例

預計成效　藉由讓孩子獨立籌辦大型活動的機會，在安全的情境之下，訓練他們規劃與執行的全方位能力。

社科知識

地理	歷史	心理	經濟	政治	法律	素養
		✓				✓

學習型態

參觀訪問	蒐集資料	筆記整理	欣賞體驗	討論報告	實作練習	調查分析	省思寫作
		✓			✓		

核心素養

A 自主行動			B 溝通互動			C 社會參與		
A1 身心素質與自我精進	**A2** 系統思考與解決問題	**A3** 規劃執行與創新應變	**B1** 符號運用與溝通表達	**B2** 科技資訊與媒體素養	**B3** 藝術涵養與美感素養	**C1** 道德實踐與公民意識	**C2** 人際關係與團隊合作	**C3** 多元文化與國際理解
		✓					✓	

學習單 & 課堂歷程下載

✪ 溫老師對社會科教學的想法

　　2017 年 7 月 1 日，是我的「五十大壽」，也是第九本教學著作《教室裡的阿德勒》在台南政大書城辦簽書會的日子。四己學生身為書中要角，當然不能錯過這場盛會；但，若只是師生同慶，意義未免流於淺薄！還不如藉機再次擴大孩子的學習價值，同時又能讓與會者親眼見證「這兩年」的教學成果。於是，我邀請孩子來主導這場活動——是的，你沒看錯，國小四年級的學生也有能力規劃、執行正式的公關活動！然後，你也許會質疑：簽書會跟社會課有啥關係？

簽書會，一場核心素養的學習

　　我先回答後者。簽書會的規劃、執行，這種內容在任何科目的課本當然是找不到的，但若從課程綱要的角度來看，它卻扣緊了核心素養的學習。若按照國家教育研究院出版的《核心素養發展手冊》對核心素養的定義：「係指一個人為適應現在生活及未來挑戰，所應具備的知識、能力與態度。包含自主行動、溝通互動、社會參與之三大面向……」籌畫一場活動所需要的能力，豈不恰好吻合了這三大面向？

　　我素來秉持「無處不是教材、無處不學習」的理念，將機會轉化為學習資源；這次的簽書會，可說是鍛鍊孩子積極自主、團隊溝通與分工合作的絕佳機會！而，核心素養的養成是跨領域的，社會科的學習內容亦是如此。因此，我決定將紀錄這場學習的文章也收入此書。

尊重＋包容，讓孩子不怕挑戰

　　至於級任老師膽敢讓小四學生籌辦自己的簽書會的原因，一來是基於師生雙方已累積兩年的信任，再者，我對孩子的教養始終抱持以下原則：

1. 對孩子的作業 —— 不加評斷、發掘每個人的特點

2. 對孩子的意見 —— 傾聽並重視他們的想法

3. 對孩子做不到的事 —— 相信孩子的能力，激發他脫離自我設限

基於上述種種考量，於是我就這樣做了⋯⋯

溫老師這樣教社會課

「這次簽書會，我有一小時的時間不知道要如何利用，想請你們幫我想辦法。」我刻意在課堂上釋出自己的苦惱，孩子聽到之後莫不爭相貢獻「解救老師」的點子。頓時，全班儼然成為智囊團。

「老師，我們刺水球好了！把問題藏在水球裡，水球一破，紙條就跑出來啦！」這個創意點子顛覆了制式做法，十分令人激賞。只可惜活動場地是在書店，因此

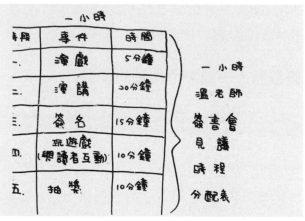

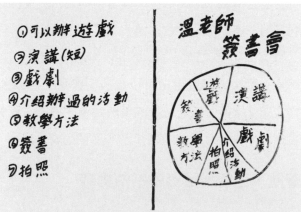

▲ 全班分成幾個小組討論活動流程，每個人同時以小白板紀錄自己小組的討論成果。

「玩水球」的提案很快就被推翻了。但這個令人莞爾的點子也燃起大家的想像力，其他孩子隨後丟出許多更有建設性的提議。

就這樣，我先請全班分組討論如何安排這一小時的活動內容，接著，再請他們自行分配每位同學的工作。不管是做道具、排演戲劇……不用我催四請，籌辦活動的齒輪便自行運轉了起來。

讓孩子自己動起來！

厲害吧！四己的孩子如此自動自發、如此能幹！不過，再棒的孩子也需要正確引導。以下是我推動他們的幾個小訣竅。

STEP 1 事前充分授權

1. 讓孩子自行分工 → 將學習主導權交給孩子

「溫老師說，全班要分工一起完成簽書會，所以我要分配工作啦！有服務組、接待組、攝影組……有誰要到哪一組的？」我一將簽書會的重責大任授權給孩子，便開始有人吆喝、統籌。也有人推薦班上誰誰誰適合什麼職位、有人舉手自行挑選要加入的組別……選完工作小組，開始有人製作名牌、「請跟我走」的指示、摸彩箱。戲劇組從《教室裡的阿德勒》裡面一段故事著手，改編成一齣話劇。

另一群孩子則是自行分工，包

▲ 戲劇組化身為六騎士，帶著自製道具，表演自編話劇來暖場。

攬簽書會各項指示牌與道具的製作。摸彩組的男孩在做好摸彩箱之後，還死抱著它不放。

2. 給予 100% 的信任 → 沒有彩排，處處是驚奇

兩位主持人更是了得，一手包辦了簽書會的全場流程，就連智琪老師想安插一個橋段，也得去請教他們該排在哪個時機才好。到了最後，全班每一位孩子都很清楚簽書會的流程，就只有我和智琪老師什麼都不知道，孩子還對我們賣關子：「當天會有很多驚喜喔！」

等到活動當天現場，「溫老師，等一下我們會叫你出來唷！」沒想到，出場自己的簽書會還得等孩子 cue 我呢！不由得感佩四己孩子真是厲害，連如何製造亮相的戲劇性效果都想到了。

遑論他們自己分成會場服務組、攝影組、主持組、戲劇組、即席演講組⋯⋯從大到小，每一件事都自動自發。

他們發想的節目內容既豐富又精彩。「現在，我們請四己家長們用觀點句說說對溫老師的看法！」「說說看，五年級還想給溫老師教嗎？」小小主持人講話直率也沒有事先套招，當下馬上 cue 了一位家長出面分享。沒有花言巧語、歌功頌德，只有最真情流露的心路歷程。智琪老師事後形容：「還滿像真心話大冒險的！」

▲ 孩子包辦活動的全部細節，連維持現場秩序跟炒熱氣氛都考慮到了

當然，在整個過程中，我也不是完全放任他們自己去摸索。比如，我會要求每一位參加者都必須排入工作分配表裡，每個人都要有事情做！

為什麼「有事做」那麼重要？因為，它會讓你感覺自己是這場活動很重要的一份子。也就是說，「使命感」會驅使你積極為這場活動努力、促使你關心一切與簽書會有關的人事物。

我要讓孩子投入簽書會的活動，原因無他：一是把握這次可以增長多元能力的機會；二來，既然一開始就決定讓書中的主角（四己學生）出席，那就讓他們在活動過程中有事做，就能大大減少在會場搗蛋、吵鬧的機率。

老師做越少，學生學越多

我只不過拋出自己的苦惱、頂多在過程中提醒他們務必每個人都要實際參與；就這樣輕輕鬆鬆的在簽書會那天迎來一次又一次的驚喜。「老師做得少，學生才學得多！」你看，我這句話說的沒有錯吧！

智琪老師的觀課心得

身為觀課者，我在一旁全程目睹四己學生自主籌辦簽書會活動的來龍去脈。他們對這場活動的重視程度，可真是令人瞠目結舌！溫老師只不過丟下一項任務，孩子竟能毫不畏懼的擔起責任。我觀察這個班級已經兩年，孩子似乎在轉瞬間就變成小大人，竟然也能獨當一面的做決策了。

尊重與包容，造就令人動容的蛻變

為什麼孩子能如此勇敢，絲毫不擔心自己會做錯？為何他們不會被如此

重大的任務嚇到？我認為，孩子之所以這麼篤定的接下這項任務，甚至相信自己做得到，背後的因素並非一蹴可幾，而是溫老師兩年來不斷讓他們有機會嘗試，並且耐心等待他們成長的結果。

比如，我印象很深的一件事是：每次孩子繳交作業，溫老師都沒有打分數或去評斷誰的作品風格不好；相反的，她會去放大每個孩子的特色。還有，每次孩子提出來的意見，溫老師都會真心傾聽，讓對方感受到自己想法被重視。溫老師也從來不批評、謾罵他們的意見太沒建設性。也正因為溫老師相信孩子，才會讓他們嘗試許多世俗認為「小孩做不到」的事。比如，四己的學生就曾自己籌辦夏令營、自己規劃旅行、設計桌遊等。她的信念使孩子逐步脫離「自我設限」，不再是一看到任務就先自我否定而放棄。

一次一次的包容，終於造就今天孩子敢獨挑大樑，扛起出版社簽書會活動的美好畫面。我看到的，不僅是孩子簽書會當天綻放的光彩與自信，還有一路走來他們慢慢褪去「下對上」的矜持與膽怯，願意在老師面前毫無保留的呈現自己能力，這是師生間的「信任」在長期滋養下結成的飽滿果實！

挑戰＝進步的機會，讓孩子自在成長

從這次籌辦簽書會活動的過程，我看到了孩子帶著那股使命，從一開始的籌備到結束的最後一刻，他們雖然偶爾也會起玩心，但最後仍是漂亮的完成了使命。其實我認為，不稍微「走精」（台語「走樣」）一下，就不是小孩子了呀！

這段歷程也完全印證了溫老師說的：「老師做得少，學生才學得多！」看到小蜜蜂們為活動忙進忙出：忙著演戲、製作道具、主持、攝影或遊走拍照，真是動人的景象呢！

歸屬感、安全感、使命感，長出了自在的翅膀，我在四己孩子身上看到的是溫老師兩年來用愛與信任悉心澆灌的成果，謝謝可愛的四己小小兵，也

謝謝我們敬愛的溫老師，她一直惦記著我們來簽書會還能看到什麼。

　　對於這場名為「簽書會」的學習，我的觀課結論是，用包容營造一個讓孩子不會恐懼的環境、用信任弭平「學生應該乖乖聽老師的」「我別多嘴，免得等一下意見被拒絕」等消極心態，之後再輔以有趣、獨特的教學活動，孩子就能愈來愈喜歡學習，甚至願意挑戰──最後，從挑戰中獲得進步！

▲ 溫老師、智琪老師與這群學生相處近兩年，無框架的教育方式激發出孩子的無限潛能。

學習與教育 196

溫美玉社會趴
從知識領域到跨科整合，素養教學輕鬆上手

作　　者｜溫美玉、王智琪
責任編輯｜張華承（特約）、李佩芬
編輯協力｜游筱玲
封面插畫｜水腦
封面設計｜bon.javick
內頁設計排版｜陳俐君
內頁板書重製｜李佩芬、劉潔萱
封面與內頁攝影｜曾千倚、劉潔萱
攝影場地協力｜台北市興隆國小
課例示範提供｜翰林出版事業股份有限公司
行銷企劃｜林靈姝

發 行 人｜殷允芃
創辦人兼執行長｜何琦瑜
副總經理｜游玉雪
總　　監｜李佩芬
副 總 監｜陳珮雯、盧宜穗
資深企劃編輯｜楊逸竹
企劃編輯｜林胤孝、蔡川惠
版權專員｜黃微真

出 版 者｜親子天下股份有限公司
地　　址｜台北市 104 建國北路一段 96 號 11 樓
電　　話｜（02）2509-2800　　　傳真｜（02）2509-2462
網　　址｜www.parenting.com.tw
讀者服務專線｜（02）2662-0332　　週一～週五：09:00～17:30
讀者服務傳真｜（02）2662-6048
客服信箱｜bill@cw.com.tw
法律顧問｜瀛睿兩岸暨創新顧問公司
總 經 銷｜大和圖書有限公司　　　電話｜（02）8990-2588

出版日期｜2018 年 6 月第一版第一次印行
　　　　　2019 年 11 月第一版第四次印行
定　　價｜360 元
書　　號｜BKEE0196P
I S B N｜978-957-9095-89-1

訂購服務
親子天下Shopping｜shopping.parenting.com.tw
海外 ‧ 大量訂購｜parenting@cw.com.tw
書香花園｜台北市建國北路二段6巷11號 電話｜（02）2506-1635
劃撥帳號｜50331356 親子天下股份有限公司

國家圖書館出版品預行編目（CIP）資料

溫美玉社會趴 / 溫美玉, 王智琪作. -- 第一版. -- 臺
北市：親子天下, 2018.06
240面；17×23公分. --（學習與教育系列；196）
ISBN 978-957-9095-89-1（平裝）

1.社會科教學 2.小學教學

523.35　　　　　　　　　　　　　　107009762